教改休兵，不要鬧了！

李家同　著

代序——
教改休兵，此期時矣

李家同

　　教改到底從哪一年開始的，一般説起來應該是民國83年。那一年，我們國家有一件轟轟烈烈的大事，臺北街頭出現四一○教改大遊行，口號相當吸引人，我寫在下面：

(1)為下一代而走

(2)讓我們擁有童年

　　當時的四大訴求是：

(1)落實小班小校

(2)廣設高中大學

(3)推動教育現代化

(4)制定教育基本法

　　我們現在就稍微看一下這些訴求的意義：

(1)落實小班小校

　　四一○大遊行的時候，強調小班小校是我們應該走的方向。好像國家的學校都是大班大校，其實，即使在民國83年，我們的偏鄉就有很多的小學和國中是非常小的，當然現在也一直都是小的。反過來，在城市裡，比方説，臺北市，很多小學奇大無比，於是我們來比較一下，到底哪一所

學校的學生有競爭力，誰都知道，偏鄉地區的小班小校，小到一個班上只有個位數的學生，他們的學生程度仍然比不上臺北市那些大班大校裡的學生。

從這一個訴求可以看出，當年教改就沒有好好地做研究。如果教改人士真的知道我們國家的國情，絕對不會認為小班小校是那麼重要的。也不是說小班小校一定不好，可是顯然小班小校不一定是好的，甚至於我們可以說大班大校也不一定差。

(2)廣設高中大學

這個訴求在現在看來，就更加糟糕了。我知道有一所國立高中，它有一年招生的時候，只收到了一位學生。這並不是因為這個學校辦學不力，而是它地處偏鄉，而且那一個地區的人口流失得非常嚴重，所以招收不到學生。

前些日子，我和一位教授通信，他說他最近一定會很忙，因為他要到高中去招攬學生來唸書。很多大學都面臨招生不足的現象，這當然與廣設大學的政策是有關的。

大學本來就不該設立這麼多，因為我們必須面對現實，我們的高中生絕對不是普通程度都非常高的。教改人士對這件事是一字不提，他們都認為，只要高中生一旦畢業，就應該可以進入大學，而不知道有相當多高中生對進大學的準備是相當不夠的。在過去，他們絕對無法唸大學，現在因為廣設大學的原因，他們變成了大學生。其結果是，他們畢業以後，因為程度不夠好而找不到工作。好不容易找到一個工作，也不是唯有大學生才能做的工作。這種情形造成了一個嚴重的社會問題，很多人埋怨政府，認為他們身為大學

生，薪水仍然如此之低，乃是我們國家政府辦事不力。這都是當年廣設大學所造成的。

　　這還不算嚴重，嚴重的是，我們的少子化問題，使得很多大學面臨可能完全無法生存的現象。我們不能責怪這些大學辦學不力。民國73年，大學畢業生占同年全國整體人數的百分比是8.4%，到了民國102年，這個數字是70%。可是我們可以想像得到國家對於大學生的需求，有沒有增加得那麼多。民國73年的大學畢業生約28,000人，到了民國102年，大學畢業生的人數高達23萬。從政府勞委會的統計資料中，我們可以看出不論是製造業或是服務業，對於大學生所需要的人數，並沒有顯著增加。這種廣設高中、大學的政策，的確造成國家很嚴重的社會問題。

(3)推動教育現代化

　　至於推動教育現代化，我找不到什麼文獻，可是我找到一些非正式的文件，教育現代化要人本化、民主化、多元化、科技化、國際化。像我這種老頭子所接受的是舊時代的教育，可是如果把我們這一代很多人的表現和現在接受現代化教育的年輕人相比，我實在看不出接受現代化教育的孩子有正面的影響。

　　說實話，滿清末年的知識分子接受舊式的教育，可是我們國家出了兩位能夠擔任國際法庭大法官的法學人士，我們也培育了得諾貝爾獎的人。反過來，我們現在的學生，很多人搞不清巴勒斯坦和巴基斯坦不同之點在哪裡，至於敘利亞和伊拉克的問題，他們也沒有興趣。科索夫戰爭結束了以後，我和幾位大學生聊天，他們一點都不知道科索夫戰爭發

生。硬要說我們現代化的教育使我們學生有國際觀，我是看不出來。

(4)制定教育基本法

我其實根本不知道國家有這麼一個法規，經過研究的結果，這個法其實是一種宣誓性，並無法律的意義。我們不妨看第二條和第三條：

第二條

人民為教育權之主體。

教育之目的以培養人民健全人格、民主素養、法治觀念、人文涵養、愛國教育、鄉土關懷、資訊知能、強健體魄及思考、判斷與創造能力，並促進其對基本人權之尊重、生態環境之保護及對不同國家、族群、性別、宗教、文化之瞭解與關懷，使其成為具有國家意識與國際視野之現代化國民。為實現前項教育目的，國家、教育機構、教師、父母應負協助之責任。

第三條

教育之實施，應本有教無類、因材施教之原則，以人文精神及科學方法，尊重人性價值，致力開發個人潛能，培養群性，協助個人追求自我實現。

第二條寫出了教育的目的，這反正是呼呼口號，沒有人會反對這個目的。如果照這個目的來看，我們的國民都相當屬害。我認為第三條實在非常有趣，文中說到教育要有教無類、因材施教。我國的教育真的因材施教嗎？我國的小孩在小學畢業以後就進入國中就讀，不分智力高低，也不管小學畢業時的程度高低，用同一教材，同一考試，同一進度。不夠聰明的小孩，絕對跟不上老師在課堂裡講的課。所以訂了

這個法，也沒有照這個法來實行。

我們可以說，四一○教改的四大訴求是沒有什麼意義的。

教改的一大工程是廢除聯招，很多開明人士痛恨聯招，認為聯招罪大惡極，必除之為一快，其理由大概是洋鬼子沒有聯招，我們應該學洋鬼子，所以也不可以聯招。但是大家也知道我國國情和外國不同，國人的想法也和洋鬼子的想法不一樣，因此先提出一個很奇怪的名詞，叫做考招分離。從前聯招由大學聯合辦理，每一年必定有一所大學負責考題，可是考試的時候，每一所大學幾乎都要負責維持考場的秩序。考招分離者，乃是由大學入學考試中心來負責，考題由他們出。令我不解的是，大學入學考試時，大學教授仍然要負責監考，因此我也看不出考招分離有何偉大之處。

教改的確廢止了聯招，取而代之的是學力測驗，然後是指定考試。當時報紙的頭條新聞說，聯招已走入歷史，看了以後令人熱血沸騰，可是你必須知道，不論學力測驗以及指定考試，兩者都是統一命題的。學力測驗考試以後，學生可以經由申請入學以及繁星計劃進入大學，這兩個管道是根據學力測驗的結果，也是統一辦理，統一分發的。指定考試幾乎和原來的聯招沒有什麼分別，當然更加是統一分發的。所以，我們有兩種聯招，三種分發。除了使家長眼花撩亂、忙做一團以外，我看不出有什麼好處。

除此之外，我們要知道有些學校又在甄試的時候會考慮學生有沒有技藝，比方說，會不會拉小提琴、會不會畫畫等等。當然，你的學測成績也在考慮之列，入學以後，唯

一規定你要做的事乃是選幾門當年與入學技藝有關的課，比方說，你是靠小提琴入學的，你就必須修幾門音樂課。所以，的確有很多學生是靠音樂方面的修養進入他所喜歡的大學。可是，就以小提琴來說，有幾個窮小孩子有錢買得起小提琴？所以我有的時候覺得這種多元入學真是「多圓」，對弱勢小孩是沒什麼好處的。

教改的另一重大影響乃是將績優的專科學校升格為技術學院，績優的技術學院升格為科技大學，這個明顯地表示了政府對於專科學校是可有可無的。照這種政策的話，仍然殘存的專科學校都是不好的學校，好的就不該存在了。最糟糕的是，政府最近又說，以後不好的技術學院將被降格為專科學校，升格也好，降格也好，都表示他們對於專科學校的態度，擺明是不重視專科學校的。可是，誰都知道，一個國家不可能只有工程師，而沒有會動手做的技術人員。教改在這一方面實在是種下了惡果。

教改還提出一個口號叫做九年一貫，我實在搞不清楚這九年一貫是怎麼一回事。我從來沒有覺得我們過去的小學和中學有不一貫的現象，九年一貫以後，我也看不出新辦法有什麼特別之處。但是，我注意到教改以後，政府就公布了學生應有的基本能力如下：

(1)瞭解自我與發展潛能

(2)欣賞表現與創新

(3)生涯規劃與終身綱要

(4)表達、溝通與分享

(5)尊重、關懷與團隊合作

(6)文化學習與國際理解

(7)規劃、組織與實踐

(8)運用科技與資訊

(9)主動探究與研究

(10)獨立思考與解決問題

　　我也搞不清楚我們的國中畢業生有沒有具備這些基本能力。如果大多數的國中生都有這些基本能力，那我們國家當然就偉大得不得了。我有一種感覺，就是教改人士很會呼口號，也很會提出一些偉大的理想。誰也不敢反對這些口號，但是大家心知肚明，都知道這些口號是沒有什麼意義的。

　　教改一個偉大的口號叫做快樂學習，這又是沒有人敢反對的口號。可是如何使得學生可以快樂？到現在政府拿不出什麼辦法來。我們要知道，天下沒有人在學習的時候是很快樂的，我們大概只能要求孩子在學習的時候不能太痛苦，這是第一點。第二點，我們要知道，很多偏鄉地區的孩子根本成天玩耍，程度差得無以復加，這些孩子的確是在快樂學習，其實這是美其名而已，真相是他們根本快樂得不學習。

　　提出快樂學習這個口號，顯示了教改的一個重大缺點，他們根本不知道我們國家教育的真相。真相是我們國家在教育程度上有巨大的差異，可是教改對這個問題一字不提。不提的原因顯然是教改人士從臺北看天下，他們看到很多要想進建中的同學，每天埋頭苦讀，而且是讀死書，因此教改的重點就是改進這個現象。這種現象雖然重要，但是很多的學生因為在小學的時候就沒有唸好書，而之後的程度一路之差，這是教改忽略的現象。

　　教改開始的時候，政府忽然下令要老師教建構式數學，

學生不可再背九九乘法表，如果要算9×7，不可立刻算出63，而是要將7加八次，很多小孩加到一半就錯掉了，可憐得不得了。奇怪的是，很少人敢發問，政府有權下這種命令嗎？如何教數學，應該由老師決定。政府倒是有權說，幾年級的孩子，在正常情況之下，應該學會整數的乘法。政府也可以來測驗學生有沒有達到這個程度，但是政府應該無權說建構式數學是老師唯一可採用的教法。遺憾的是，我們國家的中小學老師習慣聽命於教育部，這種文化使得相當多的中小學老師敢怒而不敢言。如果教育部不肯改這種傲慢想法，如果我們的中小學老師永遠聽命於教育部，這種事情一定會一直發生的。

教改最轟轟烈烈的，莫過於目前的十二年國教，顧名思義，十二年國教就是國民教育，應該是免學費而且強迫入學的。也就是說，國中畢業生必須升學。但是，十二年國教既沒有全部免學費，也沒有強迫入學。

我非常同情政府不能做到全部免學費，因為這個費用實在太龐大，可是我認為我們至少可以做到的是低收入戶免學費。更重要的是，強迫入學。我同意有些孩子在國中就沒有唸好書，唸高中也沒有多大的意義，可是這些當年在國中沒有唸好書的孩子，往往是來自低收入家庭的，這些孩子國中畢業以後，並無一技之長，教他如何找工作？而且這種找不到工作的現象，可能是他一輩子的寫照。我們如果看現在社會上的低收入戶，有很多幾乎都是當年國中以後就輟學的，多數也就一輩子打零工。所以國中畢業以後不再升學，乃是一件非常不恰當的事，我以為政府會改正這個現象，但是十二年國教並不強迫入學。

很多中輟生由於工作不好找而被黑道引誘，這當然是最可怕的，如果我們有強迫入學的制度，情況當然會好得多。因為學校發現一個孩子快被邊緣化的話，就可以採取保護措施。在我們國家中，黑道其實不太敢堂而皇之地進入學校的，所以我一直以為政府應該瞭解這件事，可惜十二年國教沒有能夠做到強迫入學。

十二年國教最吸引人的口號是免試升學，可是所謂免試升學，乃是所有的學生必須要參加會考。會考是統一考試，而且是統一分發，沒有人能夠瞭解為什麼這叫免試。雖然我本人一再問教育部，為什麼這叫做免試，教育部從來沒有回答我的問題，不僅如此，他們還在大肆宣傳民國某年全國80%的學生都是免試升學。對於十二年國教有所懷疑的人之中，很多人認為我們反對免試升學，他們根本不知道免試升學還要考試。

我必須在此指出我們國家的國中生在十二年國教實施以前，是可以免試升學的。這些學生完全依靠他們在國中時的成績還不錯，就可以申請入學，而且不需要參加當時的基本學力測驗。所以，過去是有免試的，現在反而沒有了，這是什麼典故呢？

過去的免試制度有一點像保送，某一所高中會給某一所國中一些保送的名額，當然被保送的學生一定要在國中的時候表現得非常好。很多孩子就去嘗試這一種免試，如果被接受了，就不必再參加基測。以去年為例，全國大約有70%的學生是經由免試升學的，而且是真正的免試。以博幼基金會的例子來說，我們去年的畢業生中，有80%是經由免試進入高中職的。

如果一個孩子在比較偏鄉的國中唸書，他雖然也許是校內的第一名，但是他有的時候也不太敢去城裡的明星高中就讀，因為他怕自己的程度趕不上。所以我們可以想像得到，這些孩子往往很快樂的進入社區高中或者社區高職，用教育部官員所說的話，他們不必和菁英分子一同玩。以博幼孩子為例，免試升學的孩子都進入社區高中職就讀。我自己去年輔導的一個學生，也是有先見之明的進入一所社區高中，其實他從來沒有任何要進明星高中的想法。當然還有一種保送是和技藝有關的。

　　教育部最近的口號叫做「就近入學」，對於那些免試的學生而言，幾乎相當多的學生都是就近入學的。

　　教育部另外一個口號叫做「適性揚才」，意思是說在十二年國教實施以前，很多學生不能按照他自己的意願唸書，這也令我感到非常訝異，因為很多學生根本就是喜歡唸職業學校，可惜現在很多的專科學校都不見了。我有一個學生，他的基測成績相當不錯，絕對可以進入某一所國立高中，可是他卻選擇進入了一所高工的機械科就讀，而且以此為榮。所以，過去其實就已經有適性揚才的機制，至於十二年國教所帶來的非常複雜的入學方法，究竟有沒有達成適性揚才，我是很懷疑的。

　　所以，我必須要問，為什麼政府要廢止原來既有的免試升學，而強迫全體學生參加會考？如我前面所說，會考比從前的考試還要難，就以英聽而言，就使得偏鄉孩子感到非常沮喪。教育部說，不要強迫弱勢孩子拚命和那些菁英分子一起玩，這句話是對的，可是他們的所作所為正好相反，他們的考題比基測難得多，而且這不是偶發事件，而是教育部的

既定政策。試問，孩子如何能夠快樂學習？教育部又說，用ABC制度就可以使得學生不會分分計較，可是他們的制度中多對一題就變成A，這一題錯了就變成B，一個學生是B中的最高分，可是和B的最低分同學是同一級的。同樣情況，一個學生如果多答對一題就可以成為B，和B的最高分同學同一級，現在變成了C，難道他不懊喪嗎？

我最近常常想起過去看到的標語，叫做「還我河山」，我除了要問教育部為什麼要廢止免試以外，我也忍不住要提出一個新的口號，「還我免試」。

會考的考題比過去的學測還要難，而且要考英聽，會考的成績只有三種，A（精熟）、B（基礎）、C（待加強）。A是六分，B是四分，C是二分。一共考五科，所以最高分是30分，最低分也有10分。也就是說，你一題也不會，也可以拿到10分。可以想像的是，同分者不計其數，所以會考在總分100中，只占30分，其他的分數就完全要靠比序了。比序中最令人感到困惑的是志願序，你的第一志願是30分，第二志願就只有29分，以此類推，所以你填錯了一個志願，有可能全軍覆沒，你必須要選一個大家都不重視而又好的學校。問題在於，很多學生都會發現有這種學校，也都會紛紛將這一個學校的志願填得很高，所以你又完了。

十二年國教中就近入學的想法是這麼來的。當年喊出免試升學的人，都認為高中職應該和國中一樣，同學只要在自家門口找一所高中進去就可以了。我們很多偏遠地區根本沒有高中，有很多地區只有高農，教育部憑什麼要這些偏遠地區的學生一定要進高農？他們想進臺中一中，犯了大錯嗎？

我曾經和一位教育部的高級官員聊天，他的說法是，只有少數人能夠進建中，但是我們的升學制度卻使得一大堆的同學要陪著這些少數人玩，所以政府要提出免試升學來徹底解決這個問題。如果我們現在再問他，我們的孩子就沒有在陪那些少數菁英學生玩嗎？我們仍然有考試，我們的考試比從前還要難，我們的同學一不小心就落入待加強，我實在看不出來十二年國教當初提出的說法有沒有任何的意義，因為我們的孩子仍然要考會考。

　　教改也顯示了我們社會的幾大問題：

　　(1) 我們認為教育部有權決定很多事的，比方說，教育部可以一聲令下，全國小孩子必須學建構式數學，因此孩子們都不會九九乘法表。教育部說要廢止基測，就以免試取而代之，甚至，免試也要考試。凡此種種，都令我覺得教育部權力實在太大了。

　　好的政府，權力應該受到某種制衡的，可是這麼多年下來，我沒有看到任何對教育部的制衡力。

　　(2) 教育部對自己的施政太有信心。教改的對象是孩子，是我們的下一代。新的教育制度對他們影響甚大。如果一個藥廠推出某種新藥，這種新藥必須經過種種測試，包含動物實驗、人體實驗等等。這些實驗也一定要經過主管機關同意才能進行的，很多新藥連動物實驗都沒能得到批准。這些措施都在保護人民，使得新藥的風險降到最低。

　　但是教育部的新制度，卻沒有做任何的實驗。以十二年國教為例，如果先小規模的試辦，一定會發現很多問題，甚

至可能發現根本不可行而停辦。

　　民國84年，政府曾經推出一個志願就學方案，國中生可以免試進入高中。說實話，只要有一些普通常識的人，就會知道這是行不通的，果真這個政策實行了不久，就告壽終正寢。值得注意的是：這僅僅是個試行的政策，試驗的範圍極小，參加的人也極少，所以沒有帶來什麼負面的影響。

　　師大附中有過所謂的實驗班，當時政府想推出一種新的高中教法，又怕這種想法不可行，因此在師大附中成立了實驗班。這種做法是正確的，不知何故，現在政府不採取這種小規模的試行了。

　　(3)如果政府想推出一個新的政策，應該事先經過縝密的討論和測試，討論和測試都是為了要找出這個政策的缺點。要找出缺點，可以用兩種方法：

　　　　① 請一人專門看這個政策的缺陷，在宗教界，這是
　　　　　經常使用的策略。天主教會在宣布一位聖人以
　　　　　前，會請人專門去看他的歷史，看看這位聖人候
　　　　　選人有沒有什麼不可告人之事，在英文裡，這
　　　　　種事被稱為「壁櫃裡的骷髏頭」（skeleton in the
　　　　　closet）。專門找別人缺點的人被稱為「魔鬼的
　　　　　見證人」，因為他是代表魔鬼說話的。這種做法
　　　　　有其必要，因為如此做，可以事先找出政策的缺
　　　　　點。
　　　　② 做模擬。任何電機工程師要推出他的線路，必須
　　　　　通過各種的模擬試驗。但是以十二年國教為例，
　　　　　在會考以後，發生了家長要求公布會考的各組

距，教育部慌做一團。如果事先做過模擬，就不會發生要臨時開緊急會議商討的窘態。

十二年國教，大家最先提出「就近入學」，如果做一個簡單的模擬，也可以知道這是不可行的，因為偏鄉根本沒有高中，那些孩子如何入學？也有些孩子就想唸高職，但他家鄉並沒有他想進的高職。只要稍微做一點模擬，就會發現這是絕不可行的。

廣設大學也是如此，當時還有聯招，從聯招的成績分布可以看出很多高中畢業生的學業程度是極有問題的，讓他們去唸大學很不切實際，如果教育部看過聯招的成績分布，就知道不能廣設大學了。

(4) 中小學老師太配合教育部的政策。無論過去的教改，或者現在的十二年國教，中小學老師也許私下並不贊同，但在公開場合，卻從不表示反對。教育部常常舉辦講習會，老師們必須去聽訓，我不懂為何教育部官員有資格講那些大道理。他們並沒有在第一線教書的經驗，如何能教訓老師們，可是官大學問大，老師們多半只能默默地聽，他們很少挑戰教育部的。

舉例來說，教育部一再強調所謂的差異化教育，意思是班上有不同天資、不同程度的學生，身為老師應該將他們都教好，這談何容易？就以英文為例，有些學生生字認得極少，有些卻已能看英文小說，試問，老師如何能教？如果差異化教學行得通，我們應該做一個實驗，由臺大電機系領頭，一半學生程度奇差，英文教科書看不懂，高中數學不會，臺大教授可以將他們教成研究型電機工程師嗎？

雖然老師們知道他們做不到，但他們不會反駁那些大官。當年教育部強力推銷建構式數學的時候，校長和老師們也都配合的。

　　最後，我要對教改做一個總結的評論，教改最大的問題就是沒有抓到目前教育上的問題所在。我們國家的教育不是什麼壞得不得了的，可是我們國家的確有教育差距很大的問題。這種差距造成我們國家有很多的低收入戶，他們大多數在學業成就上是相當落後的，平時靠打零工為生。因為收入低，所以不需繳稅，但是又要從國家那裡得到某些補助。低收入戶多，絕對對國家的經濟有負面的影響。麻煩的是，低收入戶的下一代，往往又是學業程度落後者。我相信政府絕對知道在收入上有城鄉差距，在教育上也是有嚴重的城鄉差距。所以我認為我們要改善我們的教育制度，首要工作是應該減少目前城鄉上的教育差距。

　　但是教改從來不碰這一點，教改的全副精力全部放在入學的方法上。很多人根本不知道我們鄉下孩子在很多科目上都遠遠落後於城裡的孩子，也就是因為他們對於這種現象的無知，使他們熱衷於入學方法的改變，而不努力地將落後孩子教好。

　　所以，我提出一個口號叫做「教改休兵，此期時矣，不要鬧了」，我們的教改的確使得我們的家長和孩子愈來愈困擾，補習班愈來愈多，而且看不出來有任何的好處。所有的輿論也極少讚揚教改的，教育部實在是應該好好地檢討，不要再鬧了，大家受不了了。

　　我們該注意的是，如何提升弱勢孩子的程度，所謂弱勢

也不完全指窮困家庭的孩子，有很多家庭還不錯的孩子也有學習上的困難。我們不能放棄他們，總應該想出好的方法，使他們對學習有興趣，這才是我們最重要的工作。至於入學的方法，最好不要再改來改去，造成大家的困擾了。

目　錄

第一章

九年一貫

民國90年，國家實行轟轟烈烈的教改，當時教改主要的口號之一就是要實行九年一貫教育，這一件事情一直到現在我仍然不能瞭解，因為有這麼一個口號就表示，在此以前我們的教育是九年不一貫的。我就去問，何謂不一貫？他們的解釋說，過去在小學唸過的，到了國中要再唸一次，是國家的浪費。

可是，我怎麼樣想也想不通這個道理。首先我們假設的確在小學學過的，到了國中再學一遍，我要問，這是錯誤的嗎？我們在高中學過物理、化學，到了大學，很多學生又要學物理、化學，而其中當然有一部分是重複了，這種重複在我看來，是有必要的，因為絕大多數的學生學一門課常常一知半解，所以如果升了一級以後，給學生一個複習的機會，是絕對必要的。我們的工科大學生在大學二年級的工程數學中，通常都已經學過傅葉爾轉換，可是我們在教通訊理論的時候，又會再複習一次傅葉爾轉換，這個有什麼不對呢？所以我沒有辦法瞭解這一點，也就是說，如果我們在國中再稍微複習一下小學所學的課，乃是正當的，絕非不正當的。

可是，我們再仔細地看一下我們的教育，我實在看不出小學的課有再被教一次的現象，最多是複習一下而已。所以，這使得我感到非常奇怪，因為我們的教育根本沒有說是小學的課又在國中重教一次的現象，而是很多國中所需要的知識，如果在小學先有一點基礎的話，這才是正確的做法。

比方說，以數學的一元一次方程式而言，我們在小學的時候就稍微教了一點代數，當時因為小孩子不熟悉未知數x，所以就用○來代替。我總記得我曾經教過一個小學五年級的學生，他問我一個題目該怎麼做，這個題目我到現在都還記得。

$$\left(\frac{○-72}{4}\right)=2$$

　　這個孩子當時就不會，我怎麼樣教他，他也是不會，所以這個其實顯示了我們教育的一個大問題，這個問題不是九年一貫還是不一貫，而是有沒有按部就班的來教。我們一定要知道，要學代數必須要有一些基本的知識，這些基本知識包含正負數運算以及分數加減等等，當然這又牽涉到一些所謂移項的原理。如果我們按部就班的來教，先確實地教好孩子這些預備的知識，到了國中學代數的時候，其實就沒有問題。可是我們現在的教材，正負數的運算是在國中學的，大概只有幾個星期的時間，就必須會正確的運算正負數，包含括弧在內，對於有一些不夠聰明的孩子來講，這一下就使他們完全放棄代數。所以，我認為九年一貫這個議題沒有意義，要檢討的是，究竟我們有沒有按部就班的來教？

　　這種沒有按部就班來的現象，可以用另外一個例子來解

釋。小學生是不懂負數的，可是小學生又要學一個玩意兒，叫做科學符號，比方說，100要寫成10^2，1000要寫成10^3，這都還可以，但是問題來了，$\frac{1}{10}$要寫成10^{-1}，$\frac{1}{100}$要寫成10^{-2}，$\frac{1}{10000}$要寫成10^{-4}。根據我的經驗，絕大多數的小孩子根本就搞不清楚這是怎麼一回事，我記得我在中學的時候也對這些東西似懂非懂，可是爲什麼我們要壓迫我們的小孩子懂這些東西？試問，小學生可以瞭解$3^0=1$的意義嗎？

　　現在小孩子還有一件可憐的事，就是他們要學比與比例，其實比與比例，如果懂了代數，這根本不是問題，可是我們的小孩子當時還沒有學代數，就硬著頭皮要學比與比例，尤其是$3x:y:z=1:5:3$，對於小孩子來講，根本不知道這是什麼玩意兒。

　　我們的孩子們在小學就要學的學問實在愈來愈多，小學生就要學垂直線、平行線、直角三角形、座標等等。這些玩意兒大可以等到國中再學。我在學幾何的時候才知道平行線和垂直線的，我在高中，才知道座標爲何物，爲什麼我們現在的小學生要學這些東西呢？

　　雖然我們的孩子懂得一大堆雜七雜八的東西，到了國中學一元一次方程式，卻有很多同學不會，爲什麼呢？原因很簡單，一元一次方程式雖然不難，但是你必須懂得兩個學問：

(1)分數的運算，(2)負數的運算。分數的運算，在小學裡是教過的，但小孩子記性不好，到了國中，又沒有複習，解一元一次方程式時錯誤百出。至於負數，這是在國中學的，而且在很短時間內要學會，聰明的孩子沒有問題，不夠聰明的孩子就因此一知半解，解一元一次方程式的時候，當然錯誤百出了。

根據政府公布的資料，全國有30%的國中畢業生不會做最基本的二元一次方程式，而有15%的國中畢業生不會做以下的題目：

$$-6 + (34 - (-3) \times 2)$$

如果全國15%的國中畢業生不會做以上的題目，那麼偏遠地區一定有30%的國中畢業生不會做以上的題目。

我記得我在成功中學唸初一的時候，也學過一元一次方程式，我一點也不覺得難，我的同班同學並非很用功的孩子，但都對一元一次方程式不感到吃力，因此我有一陣子感到很困惑，為什麼現在有這麼多的孩子不會一元一次方程式？後來我想通了，當年我們是經過考試進入成功中學初中部的，所以程度應當算是很整齊的，唸起來當然不吃力。現在免試入國中，同一班級，學生程度可能差異極大，但是數學的進度卻和我當年在成功中學是不一樣的，難怪有些孩子覺得老師教得太快

了，數學對他們來講，是一大夢魘。

我知道有一所國中的某一班，30位同學中，10位數學永遠80分以上，10位數學永遠30分以下；還有一班，27位同學中，7位數學永遠及格，其餘的永遠不及格，可想而知，很多國中學生早已放棄了數學。

我們不僅在數學上，有很多同學完全跟不上，英文更是如此。城鄉差距之大，難以想像。

九年一貫的教育對於如何提升全體同學的學業成就毫無助益，考其原因，乃是因為當初的教改人士根本就沒有想到這個問題。

重點不是在幾年一貫，而是學不好的學生乏人關心。

以國中會考而言，會考成績與補救教學有關。依據2014年2月20日《聯合報》的報導，「教育部國教署副署長黃新發表示，教育部今年已預編8千多萬元的暑假補救教學預算，本月已開放149所高中職先申請，首批預估有5千名學生上課。國三生參加今年5月會考，只要國、英、數三科中任一科成績列『待加強』，教育部就將補助他們在升高中職前的暑假免費補救教學，但採自願參加、不強迫。」

2013年會考報名人數27萬1,205人，以英語科、數學科為例，各有約33%的學生屬於待加強，人數各約8萬9千人。國文有17%待加強，約4萬6千人。需要加強的學生數遠遠超過政府

預估5千人的名額。

　　雖然英數都屬待加強的學生會有重疊，但僅計英文、數學任一科，待加強學生數與政府預估人數有十八倍的差距。

　　依據國立臺灣師範大學心理與教育測驗研究發展中心的網頁，國中教育會考目的為何，答案是：「配合十二年國民基本教育的實施，教育部規劃103年75%的學生能免試入學，另0-25%的學生透過特色招生之甄選入學（術科測驗）及考試分發入學（學科測驗）進入高中職及五專。在這樣的升學機制下，若缺乏一個普及性的學力檢定機制，則難以追蹤及瞭解103年後國中畢業生學力狀況，因此有必要辦理國中教育會考，作為我國國中畢業生學力檢定之機制。無論從國家的教育責任、學生和家長瞭解學習成效的權利、高中職端瞭解學生先備知能之需求、強化十二年國民基本教育免試入學的措施，乃至緩解學生分分計較的競爭壓力等面向來看，國中教育會考──作為我國學力檢定之機制，將能發揮實質的功能。同時，國中教育會考國文、英語、數學等工具學科成績為『待加強』之學生，教育部將協助轉銜至高中、高職或五專進行補救教學。」

　　二○一四年會考結果已經出爐，學生也已進入高中職，教育部如何「協助轉銜至高中、高職或五專進行補救教學」，拭目以待。

103年國中教育會考各科能力等級加標示人數百分比統計表

	精熟			基礎			待加強
	A++	A+	A	B++	B+	B	C
國文	16.43%			66.23%			17.34%
	5.56%	5.11%	5.76%	18.55%	15.81%	31.87%	
英語	16.96%			49.31%			33.73%
	4.26%	4.87%	7.83%	14.23%	10.76%	24.32%	
數學	16.47%			50.13%			33.40%
	6.39%	3.10%	6.98%	15.31%	12.06%	22.76%	
社會	16.47%			63.58%			19.95%
	4.26%	5.05%	7.16%	17.55%	15.97%	30.06%	
自然	14.37%			60.38%			25.25%
	4.29%	3.50%	6.58%	15.41%	16.46%	28.51%	

第二章

九年一貫課程要求
孩子們的十大基本能力

在教改的新政策之下，究竟孩子們的教育有沒有什麼重大的改變？我們不妨看一下教改以後，政府要求孩子們的基本能力。九年一貫課程綱要的十大基本能力，是希望一到九年級的學生，在語文、數學、社會、自然與生活科技、健康與體育、藝術與人文、綜合活動，都能有完善的發展。

(1)瞭解自我與發展潛能

(2)欣賞表現與創新

(3)生涯規劃與終身綱要

(4)表達、溝通與分享

(5)尊重、關懷與團隊合作

(6)文化學習與國際理解

(7)規劃、組織與實踐

(8)運用科技與資訊

(9)主動探究與研究

(10)獨立思考與解決問題

我認為這完全是胡扯，舉個例來說，小孩子會瞭解自我與發展潛能嗎？比方說第二能力乃是欣賞表現與創新，我是不知道這裡所講的創新是指在何種領域上的創新，如果是科學上的創新，那這簡直就是胡鬧，因為創新絕對建築在學問之上。我們都羨慕牛頓，他的很多想法都是創新，可是大家沒有注意的是，他極有學問，他的創新都是有根據的，普通人因為沒有那

麼多的學問，也就不可能像他一樣，有偉大的突破。如果這裡的創新是指在人文藝術上的創新，我承認這不見得要有多大的學問，可是要有天分。我們知道很多著名的音樂家，像莫札特在年幼的時候就能創新，可是這種人是特別的，也不是藉由任何教育可以產生的。硬要將創新列為基本能力，乃是沒有什麼道理的事。全世界有70億人，真正能創新的又有幾人？

還有一個規劃組織與實踐能力，這未免太過份了，我們當然希望小孩能夠有這種能力，可是我很坦白講，就連我們的政府官員也不可能有這種能力。比方說，當我寫這本書的時候，我們的戶政系統頻頻出包（民國103年，內政部更換戶政系統，造成大當機），如果我們要研究的話，一定會發現主其事者在規劃上出了大問題，實踐時更加出問題。自己做不到的事，卻要我們的小孩有此能力，不是說大話嗎？

有一個能力是最有趣的，叫做主動探究與研究，一個人要主動探索，起碼的條件就是他要有好奇心，可是我們國家的教材極為艱深，小學生就要學10^{-10}，但是小學生是沒有學過負數的，他怎麼可能懂10^{-10}的意義？在小學畢業以後，進入國中就要學DNA，DNA牽涉到化學，小學才畢業，根本不知化學為何物，所以絕對無從瞭解DNA會有遺傳的功能。即使在大學，要解釋DNA如何會有遺傳的功能，也要學很久。我們的孩子碰到這種情形，他一定知道即使去問老師，也搞不出所以

然來，最好的辦法就是死背幾個名詞，因為死背了以後，一定就能應付考試。試問，我們的孩子如何會有好奇心？

　　教改以後，課綱一改再改，教科書的內容也一再更改，我是在無意中發現我們的高中教科書裡有量子力學、麥斯威爾方程式和大霹靂，大霹靂我完全不懂，量子力學和麥斯威爾方程式我都有學過，卻沒有完全搞懂。但我知道要學這兩門學科，最起碼的條件是要先學會微分方程式。高一的學生當然沒有學過微分方程，但是我們全國的高中生對於這種題目都不害怕，因為他們兵來將擋，可以用死背來應付考試。我還是要問，這種教育能使學生有好奇心而且會主動探究嗎？

　　有一個能力是我百思不得其解的，叫做獨立思考與解決問題，我當然希望我們國人個個都能獨立思考，也都能解決問題，但我不瞭解這可以在小學及國中就能做到。我們知道，世界上的政治制度有很多種，最重要的就是總統制和內閣制，如果我們問一個國中生，他贊成哪一個制度，他會如何回答？如果他對整個世界的政治制度都非常瞭解，他的想法就很有意義，如果他一知半解，他的想法就沒有多大意義了。如果他根本不知道哪些國家實行總統制，哪些國家實行內閣制，也不知道各個國家實行制度的情況，他如何能有獨立思考的能力？再舉一個例子，有人贊成募兵制，有人贊成徵兵制，這種制度所牽涉到的問題非常地廣，包含國家的預算以及士兵素質方面可

能的變化，我實在不瞭解國中生能夠對這種問題有獨立思考的能力。

然後我們再談解決問題的能力，我們的教育學者沒有說所解決的問題是哪一類的問題，我現在舉一個簡單的例子，到了火車站，發現火車誤點而且不知道什麼時候可以恢復，可是又需要趕到目的地，我們該怎麼辦？我想這個問題要解決，方法有很多，可以搭長途巴士，或是搭乘計程車等等，很多小孩有這種能力，可是這種能力恐怕也不是學校教育所教出來的。再談一個問題，如何提高我們國家的GDP，這是一個重要的問題，不要說小孩沒有能力解決這個問題，就是政府的大官也沒有能力解決這個問題。所以我實在不懂為何要要求小孩有解決問題的能力。

有關於國際理解能力，我要問一個很簡單的問題，政府有沒有一個網站或者是一個全國小孩都能看到的媒體，是專門介紹國際新聞的？我曾經建議過教育部官員應該設立這類網站，可是他們對我嗤之以鼻。他們沒有做，卻又要求我們的孩子具備這種能力。

我們的孩子如果真有這十項能力，那我們應該說他是一個十項全能的選手。如果我們整個國家人人都有這種能力，那我們國家一定是世界上最偉大的國家。在我看這十大能力的時候，回想起當年我所受的教育，我小的時候甚至於到唸大學，

都不知道有需要這十項能力。我的家庭以及當時的社會，對孩子學習上的要求其實是強調國文、英文和數學，現在我們不再強調這種基本能力了，卻提出一些非常深奧的理論。

提出這十大能力以後，對政府官員來講有一個最大的好處，就是我們無法說我們的孩子沒有這種能力，因為沒有任何一個人能夠對任何一個孩子做一個測驗，看他是否瞭解自我，也沒有任何人能夠說某某人不會尊重別人，更不要說某某學生不能解決問題。即使是政府官員，我們也能確切地說他有第四種能力，能夠表達、溝通與分享。有很多相當傑出的科學家極有創新的能力，可是完全不會表達，更不要說與人溝通。也有很多有學問的人，雖然極有學問，可是對於策劃一個團體旅行，他都可能表現得一無能力。所以我們要求學生要有這十項能力，政府知道這是絕對做不到的，可是也沒有人敢說我們的學生沒有這種能力。

教改以後，再也很少聽到政府強調國英數的重要性了。

民國83學年度的課表，國小低年級每週共有十節國語課，中高年級則有九節。但依民國90年「國民中小學九年一貫課程綱要」的規定，「語文學習領域」的「合理節數」占「領域學習節數」的20%-30%，看來，節數未變，但「語文學習領域」除了「國語文」外，還包含了母語課程（閩南語文、客家語文、原住民語文）與英語課程，國小低年級的國語課每週僅剩

下五節，中高年級每週亦僅有六節。最近，教育部又要減少高中國英數的必修節數。

從以上的資料看出，我們小學生的英文節數也不可能達到每週五節。英文最麻煩的是城鄉差距極大，這是因為家境好的孩子可以進雙語安親班、補習班，請家教或者由父母親自教，而鄉下的孩子完全依靠老師，偏鄉小學的英文老師很不穩定，因此很多孩子小學畢業，連a, b, c都寫不全。

我們不妨看看以下慘不忍睹的英文句子，這些都是一些大學生所寫的，實在可怕之至：

1. They are no money to go to school.
2. That as say double peaks effect in my country English.
3. There cannot into the cram schools.
4. There will know
5. There will give up.
6. the student who is a computer science have to
7. Most of peoples have whose English well or not.
8. cannot to write
9. It is very important to communication system for information system.
10. to learning English worse kids

11. Their came from the poor families.

12. we can saw

13. it must be increase

14. very lots students

15. The student should to learn communication technology which the student major in computer science.

16. I think to teaching computer science need understand the

17. It is no good for most people they implement the phone software.

18. But USA's chips is a lot Russia to be against USA's hope.

19. isn't have money

20. can't to read

21. To learning English isn't have a short cut.

22. must increased

　我猜想，現在大家不太強調國文、英文、數學這種基本能力是有其好處的，因為這個社會不太願意注意孩子的國英數好不好。很多人認為注意國英數的時代是滿清末年、民國初年的時代，現在如果還要講這種能力，乃是老多烘。這真使我感到十分難過，因為就在這個時候，美國政府才完成一個報告，有關美國人民在科學上的基本能力究竟好不好，我們國家卻沒有

注意學生的基本能力。其實我們國人的英文程度絕對是不夠好的，這使得我們國家在吸引外人來臺投資上吃了大虧。勞斯萊斯在亞洲的引擎製造廠就設立在新加坡而非臺灣，難道是因為我們國家的機械工業比不上新加坡的機械工業嗎？難道是因為我們國家的機械系教育落後於新加坡的機械系教育嗎？當然不是，可是我們必須承認，我們年輕人的英文程度是不夠好的，如果勞斯萊斯來臺設廠，他們的英國工程師必須和我國的技術人員用英文交談，那我們當然是很難做到的，因為我們國家所訓練的技術人員，多半英文是不夠好的。

British statistics 48b pounds a year.

英國政府曾經公布一項報告，報告說，英國人民多半不會外國語言，每年在經濟上的損失高達480億英磅。因為推銷英國製產品，不會外國語，吃虧很大的，英國是一個經濟大國，尚且如此重視英國人的外語能力，我們國家反而又不提了，怎能讓人不擔心。

大致說來，教育部的腦子裡頭有一個名詞叫彈性，教育部的官員說，目前國小彈性學習結束，常被挪用上主科，未來不可以如此，學校要規劃彈性學習課程，往實作、技藝、社團或服務學習來規劃。

我對這種說法感到非常憂慮，教育部的官員們不知何故，非常輕視主科的教育。我們小時候常常聽到一個國英數的名

詞，我們的教授們也總希望我們的學生國英數好，因為我們知道孩子的競爭力就是在國英數。

我認識一個小孩，他很會變魔術，技藝相當不錯，可是他大了以後才發現自己的人文素養不夠，以至於他的魔術不能給人一種非常新穎的感覺。他更感到難過的是，他的英文差得一塌糊塗，這就使他完全無法進軍國際舞臺。有一次，他和他過去的老師談起當年沒有叫他好好苦讀英文一事，他感到非常遺憾。當初老師也許是出於好意，因為他不喜歡唸英文，所以就不管他英文好不好，最後這個孩子吃了大虧。

我認識一位當年高工畢業的學生，我發現他一直能吸收新的學問，所以職場上表現良好，他說他的英文和數學學得還不錯，所以能看懂英文教科書和論文，如果他的英數不好，大概很快就會被淘汰掉了。

我當年在大學唸電機的時候，所學的是真空管，大概不到五年，真空管在臺灣都消失了。我現在在教的課，我都沒有學過，我之所以能夠在社會上生存，乃是因為我的國英數底子相當不錯，使得我可以在學校畢業以後繼續自我進修，不斷地改行，如果我的國英數不好，我早就失業了。

我們幫助不夠聰明的孩子是應該的，但這件事絕對不應該經由減少必修學分來解決，而是要設計恰當的授課內容，以適合這些孩子。我們現在的高中教材可以說近乎荒唐，比方說，

在高一課程中就要學量子力學、麥斯威爾方程式以及大霹靂等等學問。這些學問到大學再教絕對不遲，它們都牽涉到非常艱深的數學和物理，高中一年級的學生不分文理，一概都要學這種艱深的學問，當然會感到痛苦。減少了學分又如何能幫助不聰明的小孩？

很多人認為成天教弱勢孩子數學，乃是虐待兒童，其實數學有其簡單的部分，絕大多數孩子是可以學會這些東西的。學了有什麼好處呢？學數學的最大好處乃是在學會了邏輯思考。比方說，我們學幾何，都必須學如何證明兩個三角形全等，這又有什麼用呢？在現實生活中，這當然派不上什麼用途，但是我們學會了幾何的定理證明，也就會在思考上合乎邏輯。邏輯思考乃是終生受用的，不論你從事哪一行，都必須在思考上合乎邏輯。

最近，有很多小學的學生數目非常少，政府就要將這個學校併到別的學校去，這是無可奈何的事，但教育部卻又祭出一個法寶，他們說如果這所小學辦學有特色，就不會被併校。因此有些學校就強調戶外教學，有些強調孩子精於打棒球，沒有一所學校敢說我們的特色就是學生在國英數上好，因為國英數好並非現在的主流價值，現在的主流是多元學習。

我不反對多元學習，我只是要說，孩子的基本能力仍是國英數。教改使國英數不受重視，遺憾也。

這十大基本能力在教育專家眼中，可跟實際課程結合。以下列舉國語、英語與數學，十大基本能力與課程目標或是能力指標的對應關係。

國語文領域

基本能力		課程目標
一、瞭解自我與發展潛能	→	應用語言文字，激發個人潛能，發展學習空間。
二、欣賞、表現與創新	→	培養語文創作之興趣，並提升欣賞評析文學作品之能力。
三、生涯規劃與終身學習	→	具備語文學習的自學能力，奠定終身學習之基礎。
四、表達、溝通與分享	→	應用語言文字表情達意，分享經驗，溝通見解。
五、尊重、關懷與團隊合作	→	透過語文互動，因應環境，適當應對進退。
六、文化學習與國際瞭解	→	透過語文學習，體認中華文化，並認識臺灣不同族群文化及外國之文化習俗。
七、規劃、組織與實踐	→	應用語言文字研擬計畫，並有效執行。
八、運用科技與資訊	→	結合語文與科技資訊，提升學習效果，擴充學習領域。
九、主動探索與研究	→	培養探索語文的興趣，並養成主動學習語文的態度。
十、獨立思考與解決問題	→	應用語文獨立思考，解決問題。

英語分段能力指標與十大基本能力之關係

九年一貫課程所揭櫫之十項基本能力，將透過英語教學內容主題、溝通功能、與活動，在國小及國中階段分別培養訓練，如下表所示：

十大基本能力	英語課程透過主題、溝通功能、活動可培養之能力或態度	國小	國中
一、瞭解自我與發展潛能	瞭解身體部位之說法。	✓	✓
	瞭解如何以簡易英語表達個人之興趣與嗜好。		✓
	瞭解如何以簡易英語描述個人之外表與個性。	✓	✓
	瞭解如何以簡易英語描述日常生活作息。	✓	✓
	瞭解如何以簡易英語描述個人專長。		✓
	認識不同的職業類別。		✓
二、欣賞、表現與創新	欣賞英語之音韻節奏。	✓	✓
	吟唱簡易歌謠及韻文。	✓	✓
	欣賞簡易兒童故事。		✓
	欣賞簡易文學作品。		✓
	欣賞簡易卡通影片。		✓
	欣賞簡易廣播、電視、電影等節目。		✓
三、生涯規劃與終身學習	培養英語之基本能力，奠定終身學習的基礎。	✓	✓
四、表達、溝通與分享	使用簡易教室用語。	✓	✓
	參與課堂口語練習。	✓	✓
	參與課堂討論活動。		✓
	使用簡易英語從事日常生活對話。	✓	✓
	使用簡易英語介紹自己、家人和朋友。	✓	✓
	使用簡易英語表達個人需求與感受。		✓

十大基本能力	英語課程透過主題、溝通功能、活動可培養之能力或態度	國小	國中
四、表達、溝通與分享	使用簡易英語表達個人意見。		✓
	使用簡易英語分享個人經驗。		✓
	使用簡易英語描述生活中相關之人、事、物。	✓	✓
	使用基本的社交禮儀用語。	✓	✓
	瞭解英美人士之溝通方式。		✓
	依情境場合,使用簡易英語適切表達自我,與他人溝通(如問候、同意、道歉、告別等)。		✓
五、尊重、關懷與團隊合作	透過英語學習,培養對人權、兩性、及弱勢族群之尊重。		✓
	透過英語學習,培養對家人、朋友及社區之關懷。	✓	✓
	透過英語學習,培養環保觀念。		✓
六、文化學習與國際瞭解	認識中外節慶習俗。	✓	✓
	瞭解中外風土民情。		✓
	欣賞簡易兒童文學作品,藉以瞭解他國文化。		✓
	瞭解國際社會禮儀。	✓	✓
	欣賞、接納不同之文化習俗。	✓	✓
	培養國際觀。		✓
七、規劃、組織與實踐	利用有效之外語學習方法安排、規劃英語之學習。		✓
八、運用科技與資訊	認識一些生活常見的科技、資訊用語。		✓
	利用網際網路搜尋資料。		✓
	利用科技提升英語學習興趣。		✓
九、主動探索與研究	使用字典及其他工具書查詢資料,利用網路查詢資料。		✓
十、獨立思考與解決問題	培養利用英語解決問題之能力。		✓

數學能力指標與十大基本能力的關係

基本能力	能力指標
一、瞭解自我與發展潛能	・瞭解自己在數量或形上的能力及思考型態的傾向。 ・挑戰並增加自我的數學能力。
二、欣賞、表現與創新	・以數學眼光欣賞各領域中的規律。 ・領會數學本身的美。 ・以數學有組織、有效地表現想法。
三、生涯規劃與終身學習	・具有終身學習所需的數學基本知識。 ・養成凡事都能嘗試用數學的觀點或方法來切入的習慣。
四、表達、溝通與分享	・結合一般語言與數學語言說明情境及問題。 ・從數學的觀點推測及說明解答的屬性及合理性。 ・與他人分享思考歷程與成果。
五、尊重、關懷與團隊合作	・互相幫助解決問題。 ・尊重同儕解決數學問題的多元想法。 ・關懷同儕的數學學習。
六、文化學習與國際瞭解	・連結數學發展與人類文化活動間的互動。 ・與其他領域（語言、社會、自然、藝能、電腦、邏輯、環境）連結。
七、規劃、組織與實踐	・組織數學材料。 ・以數學觀念組織材料。 ・以數學語言與數學思維作系統規劃。
八、運用科技與資訊	・將各領域與數學相關的資料資訊化。 ・用電腦處理數學中潛在無窮類型的問題。
九、主動探索與研究	・形成問題、蒐集、觀察、實驗、分類、歸納、類比、分析、轉化、臆測、推論、推理、監控、確認、反駁、特殊化、一般化。
十、獨立思考與解決問題	・進行數學式思維。 ・以數形量的概念與方法探討並解決問題。

教改休兵，不要鬧了！

第三章

快樂學習？

教改的一個響亮口號就是快樂學習，意指在教改以前學生是不快樂的，教改以後學生就快樂了。當然，我們無法知道為什麼教改以後就快樂了，可是我們應該知道，但很多教改人士卻不熟悉的一件事，就是在很多的偏遠地區，很多小孩是非常快樂的，可是他們並沒有好好地學習。說實話，他們之所以快樂，就是因為他們沒有學習上的壓力。希望小孩子主動喜歡唸書是一件不容易的事，我小的時候，媽媽請了一個家教在暑假時教我們三兄弟，每次家教老師不來，我們就高興得不得了。我後來唸大學，有一位老師其實當時根本就生病，所以他經常請假，每次請假，我們這些大學生就會感到無比的快樂。現在我在教一批小孩，乃是義務家教，每次我有困難不能去教，打電話去也是聽到那裡孩子們的歡聲雷動。所以，我一直認為叫小孩自動非常喜歡唸書，其實是不容易的。我們應該要做到的是，絕對不能讓孩子們在唸書的過程中感到痛苦。一個孩子在上課的時候發現自己鴨子聽雷，一定會感到非常痛苦。如果我們要他至少沒有這種痛苦，一定要使他聽得懂老師上課的內容。可是孩子們的天資是不一樣的，有的孩子學得比較快，有的孩子學得比較慢，我們的政策是要把他們混在一起教，而且這是經過立法院通過的辦法，其結果是老師只可以照顧到中間程度的學生，而必須放棄程度差的學生。但是這些程度差的學生又不能不來上課，上課對於他們來講，不僅僅是浪費時間，

而且是一件痛苦的事。

　　我感到非常遺憾的是，教改人士沒有抓到重點，他們以為減輕學生負擔就可以使孩子們快樂學習。事實上，教改從來沒有減輕過學生的負擔，對於想進明星學校的同學來講，不論如何改，他都要拚命，所以他們也不見得會很快樂，這是無法避免的事。可是對於功課不好的小孩，教改對他沒有任何幫助，因為對他來講，這些功課都是他完全不能瞭解的。

　　我現在舉一個具體的例子來說明問題之所在。我一直在教一些小孩，我發現有些孩子對於代數就感到困難重重，即使是一元一次方程式，也搞不清楚，這種現象常常令我感到非常困惑，於是我就仔細地研究為什麼這些孩子不會做最簡單的一元一次方程式題目。我發現他們其實對於正負數的運算很不熟悉，對於分數的加減乘除也不熟悉，所以他們根本不可能學好一元一次方程式。我又發現這些孩子其實在小學的時候就已經學過分數的運算，在國中一年級又曾經學過正負數的運算，包含那些有括弧的題目在內，可是這些孩子對於這兩門學問根本都搞不清楚。所以我一直好奇為什麼民國40年我在成功中學唸書的時候，雖然我們都是春季班的同學，但是對於一元一次方程式，幾乎全班都沒什麼問題。為什麼現在的同學有問題？

　　我後來想通了，我們同學進入成功中學是要經過考試的，我當然記不得當年有多少人參加考試，可是記憶中參加考試的

人是相當多的，而每班錄取的人頂多40位。所以我們可以說，當時我們班上的同學都有一定的程度，天資大概也都沒有問題，所以學代數的時候，可以完全跟得上。

現在，這些孩子所學的內容當然和54年前是差不多的，孩子們必須在小學的時候學好分數的運算，也必須在幾個星期之內學會正負數的運算，而且包含有括弧的題目在內。我們暫時不要談分數的運算，要叫很多孩子在幾個星期之內就要學會正負數，是絕對不可能的事。可是，我們現在國中一年級學生的數學進度和54年前是一樣的，54年前學生是經過考試入學的，現在學生毋須經過考試，他們中間有些學生的天資是不夠的，在小學的時候就沒有把數學學好，所以我們如何能夠希望他們學好代數？

對我們學生來講，功課不好是很嚴重的事，所以我始終認為如果教改不肯重視國家有不聰明的孩子以及聰明但是根基不好的孩子，這些孩子絕對不可能快樂，因為他們上課的時候完全聽不懂。

其實要使學生快樂學習也不是沒有辦法，唯一的辦法就是因材施教。孩子之所以不能快樂學習，乃是因為他在上課時聽不懂。所以我們有的時候也應該注意到學生究竟能不能夠很順利地接受教育，這取決於兩個因素：(1)孩子的天資問題、(2)孩子的背景知識夠不夠的問題。

首先我們要談孩子的天資問題，對於不夠聰明的孩子，我們可以用以下幾個方法來教他：

1. 我們必須慢慢地教

以數學為例，我們就應該給他很多的練習。一個再不聰明的孩子，在經過大量的練習以後也都可以熟能生巧，能解很多數學題目。英文也是如此，有很多孩子不知何故，老是會犯英文上的文法錯誤，對這些孩子，唯一的辦法就是不斷練習，慢慢地，他們也就會了。我發現我們的孩子常常會寫Are you walk to school everyday？我們就應該改正它，告訴孩子正確的寫法Do you walk to school？還有很多孩子搞不清楚現在式的用法，常常寫出I'm sorry that I do not write to you.我們也應該改正它，告訴他們正確的寫法I'm sorry that I did not write to you.

2. 我們不要教太難

就以代數的一元一次方程式而言，有些孩子是可以學如何解很難的題目，但是的確有很多孩子是永遠學不會難題的。如果我們承認這一點，就不必再教那些不夠聰明的孩子解難的題目，所謂適可而止也，這也符合因材施教的基本觀念。我負責的博幼基金會所採用的方法就是任何一個學門都有a、b、c三種考卷，a卷是這一個學門最基本的預備知識，b卷是這個學

門最基本的題目，c卷則有比較難的題目。為了使各位對於所謂a、b、c卷的瞭解，我現在將博幼基金會一元一次方程式a、b、c卷的部分題目列舉出來。

a卷

1. 小明有x顆彈珠，小華的彈珠比小明多2顆，請問小華有幾顆彈珠？

2. 姊姊今年y歲，媽媽的年齡是姊姊的4倍，請問媽媽的年齡應如何表示？

3. 若x = 2，則4×x =

4. 若x = $\frac{1}{3}$，則12x + 5 =

5. 化簡7x + 2x

6. 化簡9x − x

b卷

1. 解方程式x + 3 = 5

2. 解方程式x − 2 = 9

3. 解方程式4x = 36

4. 解方程式x ÷ 9 = 3

5. 解方程式x ÷ 5 = −2

6. 解方程式3x + 5 = 11

c卷

1. 解方程式3x − 2 = 4

2. 解方程式−3x − 3 = 6

3. 解方程式$\frac{x}{5}$ + 3 = 5

4. 解方程式$\frac{x}{7} + \frac{1}{2} = \frac{9}{14}$

5. 解方程式$\frac{x}{5} = \frac{2}{3}$

6. 解方程式$\frac{25}{12} = -\frac{5x}{6}$

所謂a卷，其實是準備的課程考試，也就是說，你起碼要會a卷，否則你就根本不懂一元一次方程式了。b卷是最起碼的，絕對應該通過。c卷雖然稍微難一點，也應該沒有問題。我們的經驗是，a卷和b卷都是立刻通過的，可是c卷對於很多同學來講，就要練習很多次。但是，對於所有的同學而言，至少大家都會做a卷和b卷，這已經是很不容易了，因為在我們國家之中，有很多小孩一輩子在數學上都是飽受打擊的，使他們對於唸書毫無信心，也當然毫無興趣，完全談不上快樂學習。

3. 我們對於不同程度的孩子，應該有不同的期望

　　有些孩子就是不可能學很難的學問，舉一個例子，有些孩子不知何故，對於英文的文法就是永遠搞不清楚，即使是最簡單的疑問句，也會一直犯錯。英文句子裡有的句子應該是"Do you walk to school？"，根據我的經驗，有少數的孩子一輩子都會用"Are you walk to school？"至於現在完成式，更是永遠記不得，被動語氣更加不會做。數學也是如此，根據我的經驗，也有少數的孩子最多只會以上所講的b卷，c卷就永遠搞不清。對於這些孩子，我們應該不要期望過高。

　　以英文來說，我們就不妨暫時少教文法，而全力教他閱讀。大多數小孩子的閱讀能力是不會太有問題的，只要不要讀太複雜的句子，就都能應付了。如果我們教英文，這個孩子不

算很聰明，文法搞不清楚，可是如果我們一直教他一篇又一篇的英文文章，當然也要教他記生字，久而久之，他閱讀的能力當然會增加很多，因爲句子看多了，知道的生字也多了。可是最重要的是，他的文法也在有意無意中有很大的進步。比方說，他不會說"Are you walk to school？"而會說"Do you walk to school？"這不是因爲他的文法學得很好，而是他看了很多"Do you ..."的句子，他習以爲常，也會說"Do you ..."。很多小孩對於Verb to be搞不清楚，但是只要我們給他大量的閱讀，他最後一定會學會的。

數學也是如此，非常多的學生數學只會做最簡單的題目，對這些學生來講，絕對不可以對他們要求太高，只要會做簡單的就可以了。如果強迫他們做難的題目，除了使他們沒有信心以外，沒有任何的作用。

4. 不吝鼓勵

我們國家的確有一個問題，就是不太鼓勵學生。我們其實只有獎勵，獎勵都是對功課好的學生有所獎勵，很多功課不好的學生，一輩子也都拿不到任何的獎勵，這是很可惜的，因爲學生的天資不同，功課不好也應該受到鼓勵。所以我們博幼基金會認爲，只要學生學會了一些東西，即使是最簡單的，也應該受到鼓勵。比方說，一個學生學到了最簡單的一些英文句

子，如I am a boy. You are my father.也應該給他一紙證明，說他已經學會了這些玩意兒。如果他會做一元一次方程式的a卷和b卷，當然更加應該給他一個證明。證明並不是獎狀，獎狀只有少數人可以得到，可是這種證明幾乎人人都可以得到。因此，相當多的孩子會因為獲得證明而得到鼓勵。以下兩張是我們博幼基金會典型的證明。

5.好的教材

　　所謂好的教材，說起來也是很簡單，那就是淺顯易懂，而且循序漸進。現在我們以代數的一元一次方程式為例，我們將

代數一元一次方程式分為十級，如下所示：

第一級	$x - 7 = 8$	第六級	$\frac{1}{2}(2x + 1) = 3$
第二級	$6x = 12$	第七級	$\frac{x + 1}{3} = \frac{3x - 1}{2}$
第三級	$-x + 3 = 8$	第八級	$\frac{1}{5}(x + 1) - \frac{1}{2}(3x - \frac{1}{2}) = 6$
第四級	$\frac{3x}{4} = \frac{7}{2}$	第九級	$\frac{x}{5} = \frac{6}{15}$
第五級	$\frac{1}{4}x = \frac{1}{2}x - 1$	第十級	$x - a = b$

　　現在我們看第一級，第一級的題目x在左邊，x的係數一定是1，連2都不行，負數以及分數更加不可以。這個題目就非常容易做了，而且數字中不能有任何的分數，所以絕大多數的學生一下子就學會了這種題型。

　　現在看第二級，第二級的x仍然在左邊，可是係數變成了正整數，但是加法和減法不見了，所以這個題目，學生只要做一個除法就能解了。

　　第三級x的係數一定是-1，這樣做的目的其實是為了要訓練學生如何處理負數。用這種循序漸進的方法，其實是使得很多學生至少學會了基本題目。說實話，在我們國家的一般學校中，簡單的題目是從來不考的，也很快地教過，對於不夠聰明

的孩子來講，這當然是一大痛苦。我們這種做法，也使得孩子比較可以快樂的學習。

6. 好的學習網站

　　要使孩子快樂學習，我們一定要給他們一個機會，讓他們不怕功課，也就是說他們平時就可以做很多練習。以英文來講，他可以很容易聽到好的英文錄音，練習最基本的英文文法，也可以做數學上最基本的習題。

　　因此我們發展了十八個網站，下面是這十八個網站：

英文文法

(1) 英文文法練習網
　　選用了《專門替中國人寫的英文課本》（聯經出版）做為學習教材，並配合課本編製大量的翻譯、填空及改錯練習題。網址：http://alg.csie.ncnu.edu.tw/engtest/。

(2) 英文基本句型練習（線上選題）
　　一共分為二十章節，以文法性質為分類主軸。內含大量題庫，可以電腦隨機選題製作學習單。
　　網址：http://mlab.cs.pu.edu.tw/pu_qb/。

(3) 李家同教授英文教室

一共分為八個級別的中翻英題型，題目從易到難，由翻譯單句至翻譯段落文章，透過大量練習建立文法概念。網址：http://alg.csie.ncnu.edu.tw/englishexercise/index.php。

(4) 李家同教英文文法

使用《專門替中國人寫的英文基本文法》一書，由李家同教授親自錄影教授書內文法，奠定最正確文法的基礎。網址：http://mlab.cs.pu.edu.tw/rctlee/。

英文閱讀

(5) 英文短文學習網站

根據《專門替中國人寫的英文課本》（聯經出版），依照難易程度分級編寫短文，每一篇短文約10句，再巧妙加入一些單字，透過循序漸進的學習，提升英文的閱讀能力。網址：http://mlab.cs.pu.edu.tw/boyo/。

(6) 英文經典名著

由李家同教授對11本英文經典名著所寫的簡述，使讀者更能掌握大意。另有單字、文法改錯及翻譯練習題。網址：http://www.boyo.org.tw/boyo/engclassic/。

英文聽力會話

(7) 英文聽力練習網

錄製《專門替中國人寫的英文課本》初、中級讀本內容、生活用語、1,200個基本單字和例句的音檔,學習者可利用網站根據自己的程度來學習新的字詞,並學會它的發音。網址:http://ecp.boyo.org.tw/listen/。

(8) 大學生英文聽力網站

可從網站下載音檔,每個音檔內容為3至5句國際英文新聞短文,透過練習來增進聽力及文意理解。

網址:http://listening.cyberhood.net/。

英文單字

(9) 1200單字

提供音檔及學習單,透過圖片、文字和聲音搭配學習以有效的增進字彙量。

網址:http://www.boyo.org.tw/boyo/1200voca。

國小數學

(10) 四則運算課本與檢測卷

教材：本會自編的國小四則運算課本（三至五年級已由
書泉出版社出版）。國小數學要能順利銜接至國中課
程，最重要的是「數」的基礎，也就是四則運算的能
力。因此本套教材將整數、分數、小數單元分類統整，
讓學生能循序漸進做有系統的學習。

前測卷：幫助瞭解學生數學程度，作為從哪個單元開始
學習之依據，每個年級各1卷。

檢測卷：在學生學習完一個單元後，幫助瞭解學生是否
已熟悉該單元的測驗卷，每個單元各1卷。

網址：http://www.boyo.org.tw/boyo/elementary/。

國中數學

(11) 國中四則運算課本與檢測卷

教材：選用聯經出版社出版的《專門為中學生寫的數學
課本—四則運算》為學習國中四則的教材。本書從最基
本的概念循序解說，強調每個中學生都必須學習的基本

概念，並附有大量的例題與習題。

檢測卷：學生學習完一個四則章節後，幫助瞭解是否已熟悉該章節觀念的測驗卷。

網址：http://www.boyo.org.tw/boyo/junior_four。

(12) 國中代數課本與檢測卷

教材：本會自編的國中代數教材，每個小觀念都舉了大量的例子來做說明，並有大量的習題讓學生練習。

檢測卷：學生學習完一個代數章節後，幫助瞭解是否已熟悉該章節觀念的測驗卷。

網址：http://www.boyo.org.tw/boyo/algebra/。

(13) 國中幾何課本與檢測卷

教材：本會自編的國中幾何教材，重視邏輯推理與定理證明，各個觀念環環相扣，由淺入深，讓學生按部就班的學習。

檢測卷：學生學習完一個幾何章節後，幫助瞭解是否已熟悉該章節觀念的測驗卷。

網址：http://www.boyo.org.tw/boyo/geometry/。

(14) 國中數學基本練習題（線上選題）

我們與靜宜大學合作的線上選題系統，四則代數各章節依觀念分成數級，再依難度或題型分成A～D卷不等。可在系統中點選所需級別或卷次，隨機產出一份練習

卷，幫助學生在學習上有更多的練習。

網址：http://mlab.cs.pu.edu.tw/pu_qb/math_index.html。

大量閱讀

弱勢家庭的孩子普遍閱讀不夠多，影響他們學習其他學科的理解力，所以，我們在課輔班進行「大量閱讀」活動，培養孩子們的邏輯思考能力，而且期望小六畢業前至少閱讀十本中外經典名著。連結網址：http://www.boyo.org.tw/boyo/reading。

(15) 共讀書籍

① 低程度共讀

第一級：繪本－以圖為主，文字少，每本約600-3,000字的繪本，有注音。

第二級：童話橋樑書－圖文並重，每本約3,000-5,000字的童書，有注音。

② 中程度共讀

第三級：神奇樹屋系列－以文為主，插圖為輔，每本約5,000-8,000字，有注音。

第四級：經典文學橋樑書－8,000字以上，為第五級共讀經典奠基，有注音。

③高程度共讀

　　中外經典名著：層級、難度最高的書籍，選用李家
　　同校長所指定的中外經典名著。

增加多元國際視野及人文關懷

(16) 國際新聞週報

為彌補國內新聞媒體在國際新聞報導上較缺乏，我們建
立了一個國際新聞週報網站，提供世界各國重要新聞的
摘要翻譯。

網址：http://alg.csie.ncnu.edu.tw/enews/index.php。

(17) 國際新聞特別事件深入報導

挑選受關注且有意義的國際新聞事件，給予豐富的事件
背景知識和發展脈絡，並做議題探討，以增進孩子的世
界觀。網址：http://www.boyo.org.tw/boyo/inse/。

(18) 社論文章

選擇條理清楚的文章，透過分享與討論，讓學生表達自
己的想法，訓練分析思考能力。

網址：http://www.boyo.org.tw/boyo/editorial/。

第四章

建構式數學

一旦有人提出教改的口號，就有人會對某一學科的教學方式提出新的方法。教改曾在小學的數學上大改，因為有些學者打著改革的大旗，提出建構式數學的教學方式，教育部也似乎永遠站在求新求變的立場來辦事，發現這種新的教學方法後喜出望外，雷厲風行地要求大家要如此教學。現在我舉個例子來形容所謂的建構式數學。

　　我想大家都會背九九乘法表，當年我小的時候也背過，舉例來說，7×9我就知道等於63，8×6就等於48。回想起來，我們小的時候的確搞不清楚為什麼7×9等於63，大概是很大的時候就懂了7×9等於63是怎麼來的。可是背了九九乘法表以後，的確幫了我們小孩子的大忙，因為乘法和除法都是靠九九乘法表來做的。建構式數學的教法是不准教九九乘法表的，所以2×7就要做7 + 7 = 14，也就是說，你不會背2×7 = 14，而是要你用加法來求得2×7 = 14。2×7 = 14大概還不難，大概也不會有什麼錯誤，如果7×9的話，事情就鬧大了，因為7×9就要先做7 + 7，然後再加7，一共加八次，很多小孩子加到一半就加錯了，最後就得到錯誤的答案，可是又不曉得自己到底是在哪裡做錯了，更麻煩的是，有些小孩子看到了7×9會很自然的加了九次，這又錯了。

　　我有一個朋友，他的女兒老是乘法做不對，他非常好奇怎麼回事，然後他大吃一驚，因為他發現他的女兒不會背九九

乘法表。他就打電話去問學校的老師，學校的老師說我們國家是先進國家，先進的國家是不背九九乘法表的，他問說哪一個國家不背九九乘法表，他說美國。我的朋友才剛從美國回來，他就寫信去問他美國的朋友，問題很簡單，你們的孩子背不背九九乘法表？他的朋友回信說他們不背九九乘法表，他們是背十二乘十二的乘法表，還有一首英文的兒歌幫助他們記憶。

我那時候已經負責博幼基金會，當我們發現這件事情以後，立刻要求所有博幼的孩子要背九九乘法表，這些孩子因此都會做乘法了，可是用了九九乘法表做乘法，又被老師打叉，因為他們得到教育部的訓令，不得用九九乘法表來做乘法。

除了乘法以外，加法也很奇怪，比方說，9＋5的做法是9＋1＝10，然後再做10＋5－1＝10＋4＝14。7＋8也是如此，先做7＋3＝10，然後再做10＋8－3＝10＋5＝15。減法也是一樣，比方說14－6，做法是14－4＝10，再做10－(6－4)＝10－2＝8。

在這段期間，我在一個偏遠地區教一批小學生，他們都會背九九乘法表，他們也不懂什麼是建構式數學，我才恍然大悟，天高皇帝遠，這些偏遠地區的小孩乃是政府不太會注意的小孩，對於建構式數學，反而逃過一劫。

建構式數學這件事顯示了我們教育界相當嚴重的問題，那就是我們的教育部可以隨意地令下如山，他說要怎麼教，你就

教改休兵，不要鬧了！

得怎麼教。這種制度其實是完全不對的，因為教育部應該只有權力說明他的要求，比方說，他可以要求學生在某一年級都要學會乘法，當然有學障的孩子除外，可是他是沒有權力硬性規定要如何教的。我們幾乎可以說，教育部官員一直有一種傲慢的心理，以為自己非常厲害，可以指揮全國的中小學老師。

　　建構式數學這一件事也顯示了我國教育的另一個現象，那就是中小學老師通常都會極力配合教育部的想法。教育部很少敢要求大學教授某一種科目的特定教法，因為大學教授不僅不會照著做，而且會大聲地批評他們不喜歡的教法，所以我們從來沒有看過教育部官員要求大學教授如何教微積分，可是各級的教育官員都喜歡對中小學老師發號施令。至於中小學老師，他們的養成教育使他們也不太會挑戰權威，所以建構式數學明明是完全不通的一種教法，老師們應該表示反對，而且我相信他們打從心裡知道這種教法是不對的，可是他們不會表示出來，我從來沒有看過中小學校長發表言論嚴厲批評教育部官員的想法。

　　建構式數學最後無疾而終，教育部最後宣布不再用這種教法，可是已經使很多孩子受害，這些孩子的數學一直不太好，其實是因為他們對加減乘除不太靈光。我之所以要好好地談論這件事是因為我們必須要思考一個很簡單的道理，教育部有權力決定教法嗎？如果我們一直讓教育部的官員有一種自大的心

理，我們可以想像得到，這種問題以後仍然會發生。

　　建構式數學讓我想起曾經在美國紅透半邊天的新數學（New Math），這種數學也是教小孩子的，可是小孩子的數學變成了非常抽象化，小孩子從小就要懂得一些非常抽象的數學，這當然是非常荒唐的想法，最後也是無疾而終，所有的學校都被迫承認這種數學是沒有意義的。可是美國的國情和我們不一樣，在美國沒有像我們這樣的教育部，新數學不過是一種流行風尚，各個學校可以有自己的想法，很多天主教小學完全不理會這一套，他們仍然堅持小學生要會老派的加減乘除，而且要會正確的做出答案來。小孩子要做很多的練習題，因為修女們認為唯有多做習題，才可以熟能生巧。我的指導教授就是在天主教小學畢業的，所以他一直很感謝當年的修女們對他的嚴加管教，做了好多習題，所以他的數學很好。

　　建構式數學之所以能夠推行，也顯示了我國教育界崇拜新想法的現象，也就是說，如果某位學者提出一個新想法，不管是對是錯，大多數的人會立刻風起雲湧地隨之起舞，而不會將這種新想法予以解剖，也不會好好地思考這種想法究竟有多大的意義。建構式數學推出的時候，幾乎沒有人分析這種教法的利弊，這是非常奇怪的。

　　如果在一個工廠裡面有人提出一個新的線路設計或者機械設計，都不會立刻被採用，而是要經過很多人種種的模擬測

試，才敢採用。其實教育方法也應該如此，當我們提出一個新的教育方法的時候，也應該謙虛地要求大家好好地思考這個方法是否真正可行，也可以利用機會先做小規模的試用。可惜不知何故，我們國家一直准許我們的教育單位令下如山。

說明　建構式數學

　　臺灣的建構式數學教材從民國85年小學一年級開始實施，在首批學生升國一後，很多國中第一次段考成績，顯示學生的計算能力比過去低，例如不會九九乘法表、不會直式計算。經媒體披露後，很快引起各界的注意與討論。在91年，國小數學不再獨尊建構式數學。

　　討論建構式數學在臺灣的歷史，不是要討論這種教學方法對錯，而是在教育決策過程中，建構式數學是如何成為當時的國小數學教育的主流甚至唯一？在實施過程中，國小數學老師是經由哪些進修管道，累積了多少進修時數，然後開始在正式教學中實施？在小學進行時，有沒有先選擇部分小學試辦，再推廣到全國？

第五章

廣設大學

我國大學數目的成長，可以從以下的表看出：

表一　民國80-102年大學學校數目統計

民國紀年	總計	大學	獨立學院	專科學校	國立			直轄市立		私立		
					大學	獨立學院	專科學校	獨立學院	專科學校	大學	獨立學院	專科學校
80	123	21	29	73	13	14	12	1	1	8	14	60
81	124	21	29	74	13	14	13	1	1	8	14	60
82	125	21	30	74	13	14	13	1	1	8	15	60
83	130	23	35	72	15	16	12	1	1	8	18	59
84	134	24	36	74	16	17	15	1	1	8	18	58
85	137	24	43	70	16	19	14	2	-	8	22	56
86	139	38	40	61	20	19	10	-	2	18	19	51
87	137	39	45	53	21	20	6	-	2	18	23	47
88	141	44	61	36	21	23	4	-	2	23	36	32
89	150	53	74	23	25	22	4	-	2	28	50	19
90	154	57	78	19	27	21	3	-	2	30	55	16
91	154	61	78	15	27	21	3	-	2	34	55	12
92	158	67	75	16	30	19	3	-	2	37	54	13
93	159	75	70	14	34	15	3	-	2	41	53	11
94	162	89	56	17	40	9	3	1	1	48	46	14
95	163	94	53	16	40	10	3	1	1	53	42	13
96	164	100	49	15	41	9	3	1	1	58	39	12
97	162	102	45	15	41	7	3	1	1	60	37	12
98	164	105	44	15	41	8	3	1	1	63	35	12
99	163	112	36	15	44	5	3	1	1	67	30	12
100	163	116	32	15	45	4	3	1	1	70	27	12
101	162	120	28	14	46	3	2	1	1	73	24	12
102	161	122	25	14	46	3	2	1	-	75	22	12

目前我們有161所大學，可是我們再看另外一張表，大學生數目的變化，可以從表二得知：（詳表請見章末表五）

表二　民國80-102年大學生數目統計（簡表）

年代	學生人數	總計	大學	獨立學院	專科學校	國立			直轄市立		私立		
						大學	獨立學院	專科學校	獨立學院	專科學校	大學	獨立學院	專科學校
80	學士班	253,462	200,098	53,364	-	75,511	26,162	-	2,859	-	124,587	24,343	-
	專科	332,127	-	16,724	315,403	-	3,164	47,420	-	871	-	13,560	267,112
81	學士班	273,088	204,342	68,746	-	78,880	32,852	-	4,109	-	125,462	31,785	-
	專科	348,803	-	10,167	338,636	-	2,351	56,488	-	867	-	7,816	281,281
82	學士班	285,982	204,496	81,486	-	80,356	36,271	-	4,274	-	124,140	40,941	-
	專科	367,373	-	4,519	362,854	-	1,382	59,884	-	874	-	3,137	302,096
83	學士班	302,093	207,390	94,703	-	83,625	39,413	-	3,875	-	123,765	51,415	-
	專科	378,860	-	8,488	370,372	-	1,894	57,481	-	914	-	6,594	311,977
84	學士班	314,499	208,919	105,580	-	85,543	42,322	-	3,411	-	123,376	59,847	-
	專科	394,751	-	5,199	389,552	-	1,726	61,761	-	973	-	3,473	326,818
85	學士班	337,837	214,094	123,743	-	87,584	46,881	-	3,425	-	126,510	73,437	-
	專科	412,837	-	31,526	381,311	-	1,294	61,611	825	-	-	29,407	319,700
86	學士班	373,702	300,931	72,771	-	109,170	33,495	-	3,616	-	191,761	35,660	-
	專科	433,865	60	99,575	334,230	55	25,307	39,090	686	-	5	73,582	295,140
87	學士班	409,705	318,599	91,106	-	114,941	34,919	-	4,031	-	203,658	52,156	-
	專科	452,346	2,773	132,610	316,963	2,773	31,879	28,834	442	-	-	100,289	288,129

　教改休兵，不要鬧了！

年代	學生人數	總計	大學	獨立學院	專科學校	國立 大學	國立 獨立學院	國立 專科學校	直轄市立 獨立學院	直轄市立 專科學校	私立 大學	私立 獨立學院	私立 專科學校
88	學士班	470,030	361,978	108,052	-	120,696	38,948	-	-	4,507	241,282	64,597	-
88	專科	457,020	6,863	249,290	200,867	2,092	50,183	8,534	-	325	4,771	198,782	192,333
89	學士班	564,059	424,377	139,682	-	134,698	39,271	-	-	4,540	289,679	95,871	-
89	專科	444,182	22,384	314,677	107,121	11,110	37,789	6,203	-	192	11,274	276,696	100,918
90	學士班	677,171	472,114	205,057	-	150,032	41,047	-	-	4,531	322,082	159,479	-
90	專科	406,841	13,328	314,142	79,371	7,612	38,981	1,534	-	95	5,716	275,066	77,837
91	學士班	770,915	528,336	242,579	-	159,799	48,972	-	-	4,325	368,537	189,282	-
91	專科	347,247	19,890	270,294	57,063	4,273	32,591	2,153	-	-	15,617	237,703	54,910
92	學士班	837,602	574,212	263,390	-	175,964	47,371	-	-	4,051	398,248	211,968	-
92	專科	289,025	24,763	215,679	48,583	4,577	23,096	2,804	-	-	20,186	192,583	45,779
93	學士班	894,528	622,595	271,933	-	195,213	39,186	-	-	4,347	427,382	228,400	-
93	專科	230,938	26,266	167,958	36,714	4,830	14,646	3,091	-	-	21,436	153,312	33,623
94	學士班	938,648	709,173	229,475	-	215,430	27,837	-	2,387	1,644	491,356	199,994	-
94	專科	180,886	32,935	110,883	37,068	2,800	12,133	2,924	-	-	30,135	98,750	34,144
95	學士班	966,591	749,512	217,079	-	218,660	31,058	-	2,364	1,749	528,488	184,272	-
95	專科	153,978	29,516	88,777	35,685	1,577	10,895	2,678	-	-	27,939	77,882	33,007

年代	學生人數	總計	大學	獨立學院	專科學校	國立·大學	國立·獨立學院	國立·專科學校	直轄市立·大學	直轄市立·獨立學院	私立·大學	私立·獨立學院	私立·專科學校
96	學士班	987,914	798,659	189,255	-	230,521	25,861	-	2,451	1,799	565,687	161,595	-
96	專科	133,890	32,351	66,763	34,776	2,679	7,831	2,977	-	-	29,672	58,932	31,799
97	學士班	1,006,102	824,031	182,071	-	239,619	22,780	-	2,518	1,865	581,894	157,426	-
97	專科	117,653	28,164	51,535	37,954	1,764	7,012	3,378	-	-	26,400	44,523	34,576
98	學士班	1,010,952	846,901	164,051	-	241,223	26,705	-	2,649	1,845	603,029	135,501	-
98	專科	108,555	24,200	41,813	42,542	1,349	6,644	3,706	-	-	22,851	35,169	38,836
99	學士班	1,021,636	887,446	134,190	-	254,205	18,037	-	2,767	1,881	630,474	114,272	-
99	專科	102,789	22,997	33,286	46,506	1,617	5,412	4,102	-	-	21,380	27,874	42,404
100	學士班	1,032,985	917,018	115,967	-	258,552	15,830	-	2,810	1,858	655,656	98,279	-
100	專科	101,300	22,017	29,005	50,278	1,272	5,133	4,294	-	-	20,745	23,872	45,984
101	學士班	1,038,041	948,678	89,363	-	267,351	8,243	-	2,888	1,866	678,439	79,254	-
101	專科	101,424	27,465	21,878	52,081	5,369	2,457	2,951	-	-	22,096	19,421	49,130
102	學士班	1,035,534	960,857	74,677	-	268,102	8,381	-	4,834	-	687,921	66,296	-
102	專科	101,659	27,873	19,609	54,177	5,756	2,613	3,057	-	-	22,117	16,996	51,120

我們國家人口的變化請見表三：

表三　民國47-102年出生人口統計

出生數按性別及粗出生率				
按登記日期統計				
年　　　　代		出　生　數			粗出生率
		計	男	女	
民國47年	1958	413,679	…	…	41.70
民國48年	1959	423,863	…	…	41.20
民國49年	1960	422,319	…	…	39.59
民國50年	1961	422,740	…	…	38.33
民國51年	1962	426,325	…	…	37.42
民國52年	1963	427,212	…	…	36.32
民國53年	1964	419,797	…	…	34.59
民國54年	1965	409,620	…	…	32.74
民國55年	1966	418,327	…	…	32.47
民國56年	1967	376,806	…	…	28.51
民國57年	1968	396,886	…	…	29.29
民國58年	1969	393,455	…	…	27.97
民國59年	1970	396,479	…	…	27.19
民國60年	1971	382,797	…	…	25.67
民國61年	1972	368,067	…	…	24.18
民國62年	1973	369,022	…	…	23.80
民國63年	1974	369,671	…	…	23.42

年　　　代		出　　生　　數			粗出生率
		計	男	女	

年　　　代		出　　生　　數			粗出生率
		計	男	女	
民國64年	1975	369,349	…	…	22.98
民國65年	1976	425,125	…	…	25.92
民國66年	1977	397,373	…	…	23.75
民國67年	1978	410,783	…	…	24.10
民國68年	1979	424,034	…	…	24.41
民國69年	1980	413,881	213,205	200,676	23.38
民國70年	1981	414,069	213,948	200,121	22.97
民國71年	1982	405,263	209,457	195,806	22.08
民國72年	1983	383,439	198,240	185,199	20.56
民國73年	1984	371,008	192,034	178,974	19.60
民國74年	1985	346,208	178,336	167,872	18.04
民國75年	1986	309,230	160,226	149,004	15.93
民國76年	1987	314,024	163,331	150,693	16.01
民國77年	1988	342,031	177,687	164,344	17.24
民國78年	1989	315,299	164,147	151,152	15.72
民國79年	1990	335,618	176,029	159,589	16.55
民國80年	1991	321,932	168,865	153,067	15.70
民國81年	1992	321,632	168,488	153,144	15.53
民國82年	1993	325,613	169,486	156,127	15.58
民國83年	1994	322,938	168,444	154,494	15.31
民國84年	1995	329,581	171,118	158,463	15.50
民國85年	1996	325,545	169,484	156,061	15.18

表頭：出生數按性別及粗出生率

按登記日期統計

　教改休兵，不要鬧了！

出生數按性別及粗出生率				
按登記日期統計				
年　　　代		出　　生　　數			粗出生率
		計	男	女	
民國86年	1997	326,002	170,047	155,955	15.07
民國87年	1998	271,450	141,462	129,988	12.43
民國88年	1999	283,661	148,042	135,619	12.89
民國89年	2000	305,312	159,726	145,586	13.76
民國90年	2001	260,354	135,596	124,758	11.65
民國91年	2002	247,530	129,537	117,993	11.02
民國92年	2003	227,070	118,984	108,086	10.06
民國93年	2004	216,419	113,639	102,780	9.56
民國94年	2005	205,854	107,378	98,476	9.06
民國95年	2006	204,459	106,936	97,523	8.96
民國96年	2007	204,414	106,898	97,516	8.92
民國97年	2008	198,733	103,937	94,796	8.64
民國98年	2009	191,310	99,492	91,818	8.29
民國99年	2010	166,886	87,213	79,673	7.21
民國100年	2011	196,627	101,943	94,684	8.48
民國101年	2012	229,481	118,848	110,633	9.86
民國102年	2013	199,113	103,120	95,993	8.53

說明：按登記資料於次年2月底前產製。
內政部戶政司編製。

從以上的表中，我們可以看到一個嚴重的問題，我們的大學數目愈來愈多，可是我們的人口數愈來愈少。到了民國110年，十八歲年齡的人數恐怕會少於大學所招生的人數，也就是說，即使我國所有十八歲的孩子都唸大學，大學也會發生招生不足的現象。可是我們要知道，我國其實有很多的學生，根本連高中或者高職都沒有去唸，唸完高中高職的學生，也有很多人是不想唸大學的。這些學生之所以不唸大學，多數是因為想要能夠賺錢謀生。他們家中的經濟狀況不太好，孩子長大了，覺得應該幫助家裡，有多一點收入，所以我們不能假設所有及齡的年輕人都會唸大學。

　　當初廣設大學的目的是為了要減少升學的壓力，我看到教育界的官員一再強調，他們要打倒補習班，可是補習班有沒有被打倒呢？我們又可以看以下的表：

表四　民國94-103年補習班數目統計

年度	94	95	96	97	98	99	100	101	102	103
補習班總數	9,714	11,195	12,615	13,925	15,062	16,343	17,126	17,963	18,699	18,886

　　從這張表我們又可以看出，補習班是愈來愈多，我相信這是當初教改人士作夢都沒想到的事，他們絕對搞不清楚，為什麼設立了這麼多的大學，大家還是要上補習班？我們要知道，

國人是希望自己的孩子可以進到比較好的大學，這和很多國家不大一樣。在美國，當然有很多人也是一樣，要將自己的子女送到非常好的大學去，可是相當多的美國家庭並沒有這種想法，他們認為自己的小孩能夠讀大學，已經是一件相當了不起的事，他們的經濟環境也通常只能將孩子送到附近的大學。比方說，一個在美國中部懷俄明州（Wioming）的家庭，要叫父母把孩子送到加州去唸書，這是沉重的負擔，如果孩子不是極端地傑出，他們就在當地就讀大學了。

<u>說明</u>：美國是聯邦制度，每個州有自己的州立大學，跨州就讀除生活費用，主要是學費也會比在本州高很多。「根據美國新聞（U.S. News）的年度調查，在2012到2013的這一學年內，公立大學提供給州民的州內學費比起外州學費平均少了1萬美元。」（資料來源，教育部電子報，580期，20130912）

可是我們國家的情形又非常特殊，高雄離臺北，火車也不過四小時，所以很多家庭可以將孩子送到遠處去唸大學。在這種情況之下，家長以及高中生，都希望自己能夠進入一個比較有名的大學，即使離家很遠，也是可以被接受的。

廣設大學以後，這種想法依然存在，我們很多學生希望能夠進入臺大電機系，臺大電機系就只能夠收那麼多的學生。廣設大學以後，臺大電機系不可能因此會增加很多新生，所以高中生的問題仍然存在，想進臺大電機系的學生在教改以後，還

是要進補習班。所以，廣設大學對於減少補習班的目標而言，是完全失敗的。

廣設大學最大的問題在於，使得很多大學收到準備不足的學生。我想大家都記得，有一所大學收了一位分數極為低的學生（民國97年，大學考試分發放榜，有11個系最低錄取分數不到40分，全國上大學的最低分是7.9分），這件事引起軒然大波，當時的行政院長下令說，高中以後要嚴加控管，不能使程度如此差的學生能從高中畢業。這當然也是毫無意義的話，因為我們國家有所謂同等學力考大學的辦法，即使一個人沒有高中畢業，也是可以考大學的，何況廣設大學時，也是廣設高中的時候，現在的高中生之中，有很多已經是程度相當不足的，在這種情況之下，要談高中程度控管，乃是沒有意義的事。

我國雖然廣設大學，我可以說我們絕大多數的大學裡面，教授的品質是非常好。現在大學的教授絕大多數都有博士學位，可是在一些後段班的大學中，這些教授發現他們的學生是相當有問題的。任何一個國家，設立這麼多所大學，一定會使很多大學無法挑選好的學生，而只能來者不拒。現在很多大學採取所謂單獨招生，就是被迫如此。我們不能說這是他們辦學不力的結果，而是我們錯誤的教育政策所造成的結果。即使我們國家沒有少子化的問題，設立這麼多大學，當然會使很多教授不知所措，他們完全不知道他們到底該教什麼才好。

可是，我們必須很坦白地承認，一所大學收了程度不夠的學生，除非這所大學有非常特殊的政策，否則學生學了以後，實在不可能有什麼競爭力。即使拿到了方帽子，出去找工作也是相當困難的。這些學生四年下來，已經花了父母很多錢，如果辦理助學貸款，四年下來，也負了一大筆的債，如果找工作又不順利，這筆債也就很難還了。我們幾乎可以說，對這些孩子而言，讀大學是浪費了他們的金錢以及時間。

我們不妨看看美國，美國是一個對於設立大學不加管制的國家，可是他們的大學數目和人口的比例是1:88571。荷蘭是一個非常先進的國家，人口約1,600萬到1,700萬，卻只有16所大學。讀大學總是應該要有一定的程度，如果學生程度太差，大學教授就不知如何是好。廣設大學的結果，非但沒有減少補習班，還使得社會上充斥了沒有競爭力的大學生，這些大學生不太能夠去做很多的工作，因為他們認為那一類的工作是不能由大學生來做的。這又造成了年輕人失業的問題，很多的工廠需要作業員，但是大多數的大學生是不肯屈就去做作業員的。

也有一些大學，他們堅持少收學生，如此才能確保學生的品質。可是一所私立大學，如果學生人數不到一定的數目，是很難維持的，比方說，不論怎樣的大學，總要有某種規模的圖書館、體育設施等等，人數少的大學，經費又成問題。我曾經和一所私立大學的校長聊天，他們的經費的確是有問題，原因

就在他們所招收的學生人數是相當少的。我問他，當初設立這所大學的時候，教育部的官員有沒有告知其規模要到達某種程度，否則很難辦學？他說教育部的官員，從來沒有和他們提及此事。我所好奇的是，教育部的官員真的不知道這個問題嗎？他們身為教育部的官員，就一定知道要維持一所私立大學的運作，學生人數一定不能太少，為什麼他們不告訴那些要創辦大學的人呢？

廣設大學乃是教改的重要政策，我們從這件事情上可以得到一個很好的教訓，那就是任何的政策，都應該注意到它是否可行。我仍然要講，即使國家沒有少子化的現象，廣設大學也是應該慎重考慮的，畢竟我們無法要求所有的高中生都有相當高的程度，廣設大學勢必會使得大學有程度不夠的學生。教育部對於一些學校收不到學生，往往冠以「辦學不力」的罪名，我是非常不以為然的，因為有一些最後設立的學校，如果又在比較偏遠的地區，除非有非常特殊雄厚的經費來源，否則不論校長如何努力，也都會收不到學生的。很多學校雖然勉強收到了學生，這些學生也學不好。錯誤的政策是造成目前問題的主要來源，任何一所大學，教育部都有義務要給予某種程度的補助，廣設大學的結果是稀釋了每一所大學所能得到的補助。我們常常羨慕香港大學教授的薪水，而不去注意香港有幾所大學。香港人口約715萬，大學有九所：香港大學、香港中文大

學、香港科技大學、香港城市大學、香港理工大學、香港浸會大學、嶺南大學、香港教育學院、香港公開大學。

新加坡人口530萬，大學有十三所：新加坡國立大學、南洋理工大學、新加坡科技設計大學、新加坡管理大學、新躍大學、新加坡科技學院、新加坡理工學院、義安理工學院、淡馬錫理工學院、南洋理工學院、共和理工學院、拉薩爾藝術學院、南洋藝術學院。

國家面臨的最大問題是，很多大學一定會有嚴重的招生不足問題，其實到現在仍然沒有一個很好的辦法來解決一所大學如何關閉的問題。校舍是一個問題，土地的歸屬也是問題，可是教授的出路是政府最該注意的事，這些教授大多都有博士學位，一旦沒有工作做，不僅對於這些教授是一件大事，對整個國家也是一個極大的損失。如果沒有良策，國家實在對不起他們，因為當年設立這些大學也都是我們政府同意的，如果當年沒有教改廣設大學的政策，就不會有這個問題。

博士班畢業學生數量，從民國80年的518人，到102年的6,409人，增加了12倍；碩士畢業人數也從80年的6,409人增加到102年的60,218人，增加9倍。

要解決大學教授的出路，教育部必須拿出魄力來。我國的私立大學其實師生比不是非常好的，要使很多的私立大學品質提高，不妨利用這批可能被遣散的教授。也就是說，政府應該

拿出一筆經費，資助任何一所大學肯加用這些被遣散的教授，這些私立大學所增加的人事經費，是應該由政府負擔的。（依據「大學校院增設調整院系所學位學程及招生名額總量發展審查作業要點」，全校生師比應在三十二以下，且日間學制生師比應在二十五以下。設有日、夜間學制碩士班（以下簡稱碩士班）、博士班者，其研究生生師比，應在十五以下。）

　　臺灣的大學畢業生人數在民國73年約2萬8千人，到民國88年突破10萬人，再於民國93年超過20萬人，近幾年則在31萬人上下振盪。我們可以想見的是，有些大學生的程度是不可能好的。我們當然不該說，只有菁英分子可以進大學，但也不該說人人可以進大學。進大學至少要有一定的程度，教改的問題就是不理會學生的程度，只想人人都可以輕鬆進大學。如果一個學生他的程度不夠，唸完大學以後，他的競爭力也沒有特別好，找工作有可能找不到，這種情形又會使得社會有不安的情緒。更糟糕的是，很多人認為這是政府辦事不力，使大學生找不到好的工作做。雖然我們不該說這完全是政府的錯，但我們也必須要說，當年廣設大學的政策是政府的政策，所以政府是要對這件事情負責的。如果在廣設大學的同時，也努力地提高全國後段班學生的學業程度，那麼廣設大學還比較有意義。僅僅廣設大學而不提高學生的程度，當然會造成社會問題。

年代		項目	總計	大學	獨立學院	專科學校	國立 大學	國立 獨立學院	國立 專科學校	直轄市立 大學	直轄市立 獨立學院	直轄市立 專科學校	私立 大學	私立 獨立學院	私立 專科學校
80	學生人數	計	612,376	224,351	72,622	315,403	94,716	30,792	47,420	-	2,859	871	129,635	38,971	267,112
		博士班	5,481	4,995	486	-	4,543	306	-	-	-	-	452	180	-
		碩士班	21,306	19,258	2,048	-	14,662	1,160	-	-	-	-	4,596	888	-
		學士班	253,462	200,098	53,364	-	75,511	26,162	-	-	2,859	-	124,587	24,343	-
		專科	332,127		16,724	315,403		3,164	47,420		-	871		13,560	267,112
		2年制	123,336		1,315	122,021		1,315	15,961		-	-		-	106,060
		3年制	21,868		10,740	11,128		1,836	6,678		-	404		8,904	4,046
		5年制	186,923		4,669	182,254		13	24,781		-	467		4,656	157,006
	畢業生人數	計	129,193	46,549	14,704	67,940	20,969	8,174	11,237	-	930	141	25,580	5,600	56,562
		博士	518	470	48	-	412	21	-	-	-	-	58	27	-
		碩士	6,409	5,823	586	-	4,615	414	-	-	-	-	1,208	172	-
		大學	49,399	40,256	9,143	-	15,942	5,617	-	-	653	-	24,314	2,873	-
		副學士（專科）	72,867		4,927	67,940		2,122	11,237		277	141		2,528	56,562
		2年制	33,639		451	33,188		362	5,092		89	-		-	28,096
		3年制	8,086		1,857	6,229		-	2,423		-	103		1,857	3,703

年代	學制	總計	大學	獨立學院	專科學校	國立 大學	國立 獨立學院	國立 專科學校	直轄市立 獨立學院	直轄市立 專科學校	私立 大學	私立 獨立學院	私立 專科學校
81	5年制	31,142	-	2,619	28,523	-	1,760	3,722	188	38	-	671	24,763
學生人數	計	653,162	232,337	82,189	338,636	100,964	37,003	56,488	4,125	867	131,373	41,061	281,281
	博士班	6,560	5,961	599	-	5,415	384	-	-	-	546	215	-
	碩士班	24,711	22,034	2,677	-	16,669	1,416	-	16	-	5,365	1,245	-
	學士班	273,088	204,342	68,746	-	78,880	32,852	-	4,109	-	125,462	31,785	-
	專科	348,803	-	10,167	338,636	-	2,351	56,488	-	867	-	7,816	281,281
	2年制	142,682	-	1,309	141,373	-	1,309	24,601	-	380	-	-	116,772
	3年制	16,495	-	5,454	11,041	-	1,037	6,564	-	-	-	4,417	4,097
	5年制	189,626	-	3,404	186,222	-	5	25,323	-	487	-	3,399	160,412
上學年度畢業人數	計	144,354	51,299	19,438	73,617	22,137	9,469	11,364	829	151	29,162	9,140	62,102
	博士	608	559	49	-	521	23	-	-	-	38	26	-
	碩士	7,688	6,870	818	-	5,490	471	-	-	-	1,380	347	-
	大學	54,375	43,870	10,505	-	16,126	6,659	-	736	-	27,744	3,110	-
	副學士（專科）	81,683	-	8,066	73,617	-	2,316	11,364	93	151	-	5,657	62,102
	2年制	42,241	-	658	41,583	-	658	5,791	-	-	-	-	35,792

年代	項目		總計	大學	獨立學院	專科學校	國立			直轄市立		私立		
							大學	獨立學院	專科學校	獨立學院	專科學校	大學	獨立學院	專科學校
82	學生人數	3年制	8,063	-	5,134	2,929	-	754	1,660	-	96	-	4,380	1,173
		5年制	31,379	-	2,274	29,105	-	904	3,913	93	55	-	1,277	25,137
		計	689,185	236,134	90,197	362,854	105,420	39,934	59,884	4,304	874	130,714	45,959	302,096
		博士班	7,713	7,005	708	-	6,390	461	-	-	-	615	247	-
		碩士班	28,117	24,633	3,484	-	18,674	1,820	-	30	-	5,959	1,634	-
		學士班	285,982	204,496	81,486	-	80,356	36,271	-	4,274	-	124,140	40,941	-
		專科	367,373	-	4,519	362,854	-	1,382	59,884	-	874	-	3,137	302,096
		2年制	162,700	-	1,281	161,419	-	1,281	27,483	-	-	-	-	133,936
		3年制	12,433	-	1,204	11,229	-	100	6,701	-	388	-	1,104	4,140
		5年制	192,240	-	2,034	190,206	-	1	25,700	-	486	-	2,033	164,020
	上學年度畢業人數	計	156,600	55,897	19,348	81,355	25,102	9,597	14,735	822	182	30,795	8,929	66,438
		博士	678	624	54	-	561	25	-	-	-	63	29	-
		碩士	9,017	7,966	1,051	-	6,337	557	-	-	-	1,629	494	-
		大學	59,478	47,307	12,171	-	18,204	7,515	-	822	-	29,103	3,834	-
		副學士（專科）	87,427	-	6,072	81,355	-	1,500	14,735	-	182	-	4,572	66,438

年代	項目	總計	大學	獨立學院	專科學校	國立 大學	國立 獨立學院	國立 專科學校	直轄市立 大學	直轄市立 獨立學院	直轄市立 專科學校	私立 大學	私立 獨立學院	私立 專科學校
83	2年制	48,195	-	651	47,544	-	651	8,869	-	-	-	-	-	38,675
	3年制	7,214	-	4,183	3,031	-	843	1,700	-	-	106	-	3,340	1,225
	5年制	32,018	-	1,238	30,780	-	6	4,166	-	-	76	-	1,232	26,538
學生人數	計	720,180	242,184	107,624	370,372	111,484	43,442	57,481	-	3,919	914	130,700	60,263	311,977
	博士班	8,395	7,834	561	-	7,169	295	-	-	-	-	665	266	-
	碩士班	30,832	26,960	3,872	-	20,690	1,840	-	-	44	-	6,270	1,988	-
	學士班	302,093	207,390	94,703	-	83,625	39,413	-	-	3,875	-	123,765	51,415	-
	專科	378,860	-	8,488	370,372	-	1,894	57,481	-	-	914	-	6,594	311,977
	2年制	178,582	-	2,833	175,749	-	1,582	27,696	-	-	-	-	1,251	148,053
	3年制	7,544	-	3,100	4,444	-	312	4,046	-	-	398	-	2,788	-
	5年制	192,734	-	2,555	190,179	-	-	25,739	-	-	516	-	2,555	163,924
上學年度 畢業人數	計	172,849	57,906	19,611	95,332	26,101	9,756	16,892	-	963	193	31,805	8,892	78,247
	博士	808	753	55	-	692	31	-	-	-	-	61	24	-
	碩士	10,448	9,191	1,257	-	7,223	636	-	-	5	-	1,968	616	-
	大學	63,160	47,962	15,198	-	18,186	8,351	-	-	958	-	29,776	5,889	-
	副學士（專科）	98,433	-	3,101	95,332	-	738	16,892	-	-	193	-	2,363	78,247

年代	項目	總計	大學	獨立學院	專科學校	國立			直轄市立		私立		
						大學	獨立學院	專科學校	獨立學院	專科學校	大學	獨立學院	專科學校
84	學生人數 計	751,347	245,857	115,938	389,552	115,023	46,459	61,761	3,463	973	130,834	66,016	326,818
	博士班	8,897	8,297	600	-	7,568	321	-	-	-	729	279	-
	碩士班	33,200	28,641	4,559	-	21,912	2,090	-	52	-	6,729	2,417	-
	學士班	314,499	208,919	105,580	-	85,543	42,322	-	3,411	-	123,376	59,847	-
	專科	394,751	-	5,199	389,552	-	1,726	61,761	-	973	-	3,473	326,818
	2年制	195,121	-	898	194,223	-	240	34,369	-	-	-	658	159,854
	3年制	4,486	-	2,894	1,592	-	1,486	1,169	-	423	-	1,408	-
	5年制	195,144	-	1,407	193,737	-	1,407	26,223	-	550	-	1,407	166,964
	上學年度畢業人數 計	181,170	59,562	26,641	94,967	27,729	12,624	14,833	1,186	170	31,833	12,831	79,964
	博士	848	773	75	-	723	35	-	-	-	50	40	-
	碩士	11,706	10,226	1,480	-	8,111	708	-	11	-	2,115	761	-
	大學	67,823	48,563	19,260	-	18,895	9,069	-	1,175	-	29,668	9,016	-
	副學士（專科）	100,793	-	5,826	94,967	-	2,812	14,833	-	170	-	3,014	79,964
	2年制	57,138	-	636	56,502	-	636	10,036	-	-	-	-	46,466
	3年制	4,990	-	1,250	3,740	-	99	2,283	-	122	-	1,151	1,335
	5年制	36,305	-	1,215	35,090	-	3	4,573	-	71	-	1,212	30,446

年代	項目	分類	總計	大學	獨立學院	專科學校	國立·大學	國立·獨立學院	國立·專科學校	直轄市立·獨立學院	直轄市立·專科學校	私立·大學	私立·獨立學院	私立·專科學校
85	學生人數	2年制	63,785	-	2,351	61,434	-	1,746	9,883	-	-	-	605	51,551
		3年制	3,195	-	2,398	797	-	1,065	694	-	103	-	1,333	-
		5年制	33,813	-	1,077	32,736	-	1	4,256	-	67	-	1,076	28,413
		計	795,547	252,913	161,323	381,311	118,485	50,930	61,611	4,306	-	134,428	106,087	319,700
		博士班	9,365	8,721	644	-	7,951	337	-	-	-	770	307	-
		碩士班	35,508	30,098	5,410	-	22,950	2,418	-	56	-	7,148	2,936	-
		學士班	337,837	214,094	123,743	-	87,584	46,881	-	3,425	-	126,510	73,437	-
		專科	412,837	-	31,526	381,311	-	1,294	61,611	825	-	-	29,407	319,700
		2年制	214,622	-	15,908	198,714	-	11	35,961	-	-	-	15,897	162,753
		3年制	985	-	985	-	-	606	-	284	-	-	95	-
		5年制	197,230	-	14,633	182,597	-	677	25,650	541	-	-	13,415	156,947
	上學年度畢業人數	計	189,563	59,591	29,239	100,733	28,677	13,453	17,412	1,078	199	30,914	14,708	83,122
		博士	1,053	966	87	-	888	45	-	-	-	78	42	-
		碩士	12,649	10,914	1,735	-	8,725	826	-	15	-	2,189	894	-
		大學	70,748	47,711	23,037	-	19,064	10,644	-	1,063	-	28,647	11,330	-
		副學士（專科）	105,113	-	4,380	100,733	-	1,938	17,412	-	199	-	2,442	83,122

年代	項目		總計	大學	獨立學院	專科學校	國立大學	國立獨立學院	國立專科學校	直轄市立大學	直轄市立獨立學院	直轄市立專科學校	私立大學	私立獨立學院	私立專科學校
86	學生人數	2年制	67,816	-	884	66,932	-	215	12,805				-	669	54,127
		3年制	3,296		3,015	281		1,723	173			108		1,292	
		5年制	34,001		481	33,520			4,434			91		481	28,995
		計	856,186	346,869	175,087	334,230	144,566	59,787	39,090		4,382		202,303	110,918	295,140
		博士班	10,013	9,748	265	-	8,848	-	-		-		900	265	-
		碩士班	38,606	36,130	2,476	-	26,493	985	-		80		9,637	1,411	-
		學士班	373,702	300,931	72,771	-	109,170	33,495	-		3,616		191,761	35,660	-
		專科	433,865	60	99,575	334,230	55	25,307	39,090		686		5	73,582	295,140
		2年制	236,285	-	53,028	183,257	-	13,306	24,482		-		-	39,722	158,775
		3年制	394	55	339	-	55	187	-		141		-	11	-
		5年制	197,186	5	46,208	150,973	-	11,814	14,608		545		5	33,849	136,365
	上學年度畢業人數	計	196,384	60,857	36,639	98,888	29,610	12,913	17,706		1,019		31,247	22,707	81,182
		博士	1,187	1,109	78	-	1,024	38	-		-		85	40	-
		碩士	13,316	11,349	1,967	-	8,992	860	-		13		2,357	1,094	-
		大學	74,255	48,399	25,856	-	19,594	11,636	-		787		28,805	13,433	-
		副學士（專科）	107,626	-	8,738	98,888	-	379	17,706		219		-	8,140	81,182

年代			總計	大學	獨立學院	專科學校	國立 大學	國立 獨立學院	國立 專科學校	直轄市立 獨立學院	直轄市立 專科學校	私立 大學	私立 獨立學院	私立 專科學校
87	學生人數	2年制	72,581	-	5,525	67,056	-	9	13,142	-	-	-	5,516	53,914
		3年制	537	-	537	-	-	322	-	136	-	-	79	-
		5年制	34,508	-	2,676	31,832	-	48	4,564	83	-	-	2,545	27,268
		計	915,921	371,713	227,245	316,963	156,378	68,198	28,834	4,593	-	215,335	154,454	288,129
		博士班	10,845	10,564	281	-	9,539	-	-	-	-	1,025	281	-
		碩士班	43,025	39,777	3,248	-	29,125	1,400	-	120	-	10,652	1,728	-
		學士班	409,705	318,599	91,106	-	114,941	34,919	-	4,031	-	203,658	52,156	-
		專科	452,346	2,773	132,610	316,963	2,773	31,879	28,834	442	-	-	100,289	288,129
		2年制	254,427	-	75,901	178,526	-	16,157	21,489	-	-	-	59,744	157,037
		3年制	64	23	41	-	23	22	-	19	-	-	-	-
		5年制	197,855	2,750	56,668	138,437	2,750	15,700	7,345	423	-	-	40,545	131,092
	上學年度畢業人數	計	215,412	83,151	45,965	86,296	39,277	18,059	11,686	1,125	-	43,874	26,781	74,610
		博士	1,282	1,248	34	-	1,163	-	-	-	-	85	34	-
		碩士	14,146	13,352	794	-	10,169	265	-	19	-	3,183	510	-
		大學	85,802	68,510	17,292	-	27,906	10,759	-	910	-	40,604	5,623	-
		副學士（專科）	114,182	41	27,845	86,296	39	7,035	11,686	196	-	2	20,614	74,610

年代	項目		總計	大學	獨立學院	專科學校	國立 大學	國立 獨立學院	國立 專科學校	直轄市立 大學	直轄市立 獨立學院	直轄市立 專科學校	私立 大學	私立 獨立學院	私立 專科學校
88	學生 人數	2年制	79,956	-	18,802	61,154	-	4,887	9,191	-	-	-	-	13,915	51,963
		3年制	324	39	285	-	39	156	-	-	119	-	-	10	-
		5年制	33,902	2	8,758	25,142	-	1,992	2,495	-	77	-	2	6,689	22,647
		計	994,283	431,479	361,937	200,867	169,302	92,127	8,534	-	5,227	-	262,177	264,583	192,333
		博士班	12,253	12,105	148		10,706	16	-	-	-	-	1,399	132	-
		碩士班	54,980	50,533	4,447		35,808	2,980	-	-	395	-	14,725	1,072	-
		學士班	470,030	361,978	108,052		120,696	38,948	-	-	4,507	-	241,282	64,597	-
		專科	457,020	6,863	249,290	200,867	2,092	50,183	8,534	-	325	-	4,771	198,782	192,333
	上學 年度 畢業 人數	2年制	261,891	2,778	145,275	113,838	-	30,807	5,096	-	-	-	2,778	114,468	108,742
		3年制	28	10	18	-	10	13	-	-	5	-	-	-	-
		5年制	195,101	4,075	103,997	87,029	2,082	19,363	3,438	-	320	-	1,993	84,314	83,591
		計	224,630	85,692	56,760	82,178	39,159	17,450	9,555	-	806	-	46,533	38,504	72,623
		博士	1,307	1,275	32		1,181	-	-	-	-	-	94	32	-
		碩士	15,016	14,104	912		10,679	308	-	-	25	-	3,425	579	-
		大學	87,421	69,710	17,711		26,696	8,188	-	-	686	-	43,014	8,837	-
		副學士（專科）	120,886	603	38,105	82,178	603	8,954	9,555	-	95	-	-	29,056	72,623

下表為按年代別之學生及畢業人數統計表（89學年度）：

年代	項目	總計	計-大學	計-獨立學院	計-專科學校	國立-大學	國立-獨立學院	國立-專科學校	直轄市立-獨立學院	直轄市立-專科學校	私立-大學	私立-獨立學院	私立-專科學校
	2年制	85,810	-	27,514	58,296	-	6,218	8,257	-		-	21,296	50,039
	3年制	38	13	25	-	13	15	-	10		-	-	-
	5年制	35,038	590	10,566	23,882	590	2,721	1,298	85		-	7,760	22,584
	計	1,092,102	524,400	460,581	107,121	201,982	81,614	6,203	5,385		322,418	373,582	100,918
	博士班	13,822	13,660	162	-	11,905	58	-	5		1,755	99	
89（學生人數）	碩士班	70,039	63,979	6,060	-	44,269	4,496	-	648		19,710	916	-
	學士班	564,059	424,377	139,682	-	134,698	39,271	-	4,540		289,679	95,871	-
	專科	444,182	22,384	314,677	107,121	11,110	37,789	6,203	192		11,274	276,696	100,918
	2年制	257,171	10,309	187,418	59,444	4,822	24,688	2,506	-		5,487	162,730	56,938
	3年制	4	4	-	-	4	-	-	-		-	-	-
	5年制	187,007	12,071	127,259	47,677	6,284	13,101	3,697	192		5,787	113,966	43,980
	計	247,890	102,410	92,471	53,009	43,902	23,658	2,670	1,221		58,508	67,592	50,339
	博士	1,455	1,441	14	-	1,304	-	-	-		137	14	
上學年度畢業人數	碩士	16,757	15,968	789	-	11,794	433	-	32		4,174	324	
	大學	100,171	80,159	20,012	-	28,645	8,691	-	1,073		51,514	10,248	
	副學士（專科）	129,507	4,842	71,656	53,009	2,159	14,534	2,670	116		2,683	57,006	50,339

年代	項目	總計	大學	獨立學院	專科學校	國立 大學	國立 獨立學院	國立 專科學校	直轄市立 大學	直轄市立 獨立學院	直轄市立 專科學校	私立 大學	私立 獨立學院	私立 專科學校
90	2年制	93,645	2,985	52,621	38,039	1,008	11,601	2,052	-	-	-	1,977	41,020	35,987
	3年制	14	9	5	-	9	2	-	-	-	3	-	-	-
	5年制	35,848	1,848	19,030	14,970	1,142	2,931	618	-	-	113	706	15,986	14,352
學生人數	計	1,187,225	580,898	526,956	79,371	225,553	85,681	1,534	-	-	5,546	355,345	435,729	77,837
	博士班	15,962	15,764	198	-	13,574	113	-	-	-	13	2,190	72	-
	碩士班	87,251	79,692	7,559	-	54,335	5,540	-	-	-	907	25,357	1,112	-
	學士班	677,171	472,114	205,057	-	150,032	41,047	-	-	-	4,531	322,082	159,479	-
	專科	406,841	13,328	314,142	79,371	7,612	38,981	1,534	-	-	95	5,716	275,066	77,837
	2年制	232,413	4,850	179,900	47,663	2,781	23,529	733	-	-	-	2,069	156,371	46,930
	5年制	174,428	8,478	134,242	31,708	4,831	15,452	801	-	-	95	3,647	118,695	30,907
上學年度 畢業人數	計	266,561	122,241	117,315	27,005	48,291	22,463	1,456	-	-	1,299	73,950	93,553	25,549
	博士	1,463	1,445	18	-	1,272	-	-	-	-	-	173	18	-
	碩士	20,752	19,624	1,128	-	14,117	776	-	-	-	94	5,507	258	-
	大學	117,430	91,442	25,988	-	28,963	9,570	-	-	-	1,113	62,479	15,305	-
	副學士（專科）	126,916	9,730	90,181	27,005	3,939	12,117	1,456	-	-	92	5,791	77,972	25,549
	2年制	92,246	6,204	66,683	19,359	2,351	9,772	850	-	-	-	3,853	56,911	18,509

年代		總計	大學	獨立學院	專科學校	國立大學	國立獨立學院	國立專科學校	直轄市立獨立學院	直轄市立專科學校	私立大學	私立獨立學院	私立專科學校
91	3年制	2	2	-	-	2	-	-	-	-	-	-	-
	5年制	34,668	3,524	23,498	7,646	1,586	2,345	606	92	-	1,938	21,061	7,040
	計	1,240,292	660,453	522,776	57,063	241,517	88,592	2,153	5,420	-	418,936	428,764	54,910
	博士班	18,705	18,421	284		15,681	174		26	-	2,740	84	
學生人數	碩士班	103,425	93,806	9,619	-	61,764	6,855	-	1,069	-	32,042	1,695	-
	學士班	770,915	528,336	242,579	-	159,799	48,972	-	4,325	-	368,537	189,282	-
	專科	347,247	19,890	270,294	57,063	4,273	32,591	2,153		-	15,617	237,703	54,910
	2年制	188,499	4,950	148,821	34,728	1,374	18,677	958		-	3,576	130,144	33,770
	5年制	158,748	14,940	121,473	22,335	2,899	13,914	1,195		-	12,041	107,559	21,140
	計	296,884	133,935	141,413	21,536	53,776	24,118	225	1,371	-	80,159	115,924	21,311
	博士	1,501	1,486	15	-	1,315	-	-	-	-	171	15	-
上學年度畢業人數	碩士	25,900	24,182	1,718	-	17,026	1,303	-	202	-	7,156	213	-
	大學	146,166	102,502	43,664	-	32,128	10,369	-	1,095	-	70,374	32,200	-
	副學士（專科）	123,317	5,765	96,016	21,536	3,307	12,446	225	74	-	2,458	83,496	21,311
	2年制	89,085	2,439	69,732	16,914	1,586	9,627	225	-	-	853	60,105	16,689
	5年制	34,232	3,326	26,284	4,622	1,721	2,819		74	-	1,605	23,391	4,622

年代	項目	分類	總計	大學	獨立學院	專科學校	國立 大學	國立 獨立學院	國立 專科學校	直轄市立 大學	直轄市立 獨立學院	直轄市立 專科學校	私立 大學	私立 獨立學院	私立 專科學校
92	學生人數	計	1,270,194	730,799	490,812	48,583	270,210	78,025	2,804	-	5,344	-	460,589	407,443	45,779
		博士班	21,658	21,338	320	-	17,986	271	-	-	35	-	3,352	14	-
		碩士班	121,909	110,486	11,423	-	71,683	7,287	-	-	1,258	-	38,803	2,878	-
		學士班	837,602	574,212	263,390	-	175,964	47,371	-	-	4,051	-	398,248	211,968	-
		專科	289,025	24,763	215,679	48,583	4,577	23,096	2,804	-	-	-	20,186	192,583	45,779
		2年制	150,413	8,786	113,483	28,144	1,916	12,142	1,214	-	-	-	6,870	101,341	26,930
		5年制	138,612	15,977	102,196	20,439	2,661	10,954	1,590	-	-	-	13,316	91,242	18,849
	上學年度畢業人數	計	318,867	168,740	138,130	11,997	61,339	19,697	249	-	1,459	-	107,401	116,974	11,748
		博士	1,759	1,756	3	-	1,533	3	-	-	-	-	223	-	-
		碩士	30,856	29,073	1,783	-	19,759	1,281	-	-	286	-	9,314	216	-
		大學	176,044	124,239	51,805	-	36,347	10,048	-	-	1,173	-	87,892	40,584	-
		副學士(專科)	110,208	13,672	84,539	11,997	3,700	8,365	249	-	-	-	9,972	76,174	11,748
		2年制	77,106	7,112	59,638	10,356	2,227	6,040	249	-	-	-	4,885	53,598	10,107
		5年制	33,102	6,560	24,901	1,641	1,473	2,325	-	-	-	-	5,087	22,576	1,641
93	學生人數	計	1,285,867	797,026	452,127	36,714	300,050	60,818	3,091	-	5,930	-	496,976	385,379	33,623
		博士班	24,409	24,072	337	-	20,183	268	-	-	53	-	3,889	16	-

項目	總計	大學	獨立學院	專科學校	國立 大學	國立 獨立學院	國立 專科學校	直轄市立 大學	直轄市立 獨立學院	私立 大學	私立 獨立學院	私立 專科學校
碩士班	135,992	124,093	11,899	-	79,824	6,718	-	-	1,530	44,269	3,651	-
學士班	894,528	622,595	271,933	-	195,213	39,186	-	-	4,347	427,382	228,400	-
專科	230,938	26,266	167,958	36,714	4,830	14,646	3,091	-	-	21,436	153,312	33,623
2年制	112,425	8,731	86,046	17,648	973	8,110	1,111	-	-	7,758	77,936	16,537
5年制	118,513	17,535	81,912	19,066	3,857	6,536	1,980	-	-	13,678	75,376	17,086
計	321,808	187,914	124,269	9,625	71,194	16,271	442	-	1,586	116,720	106,412	9,183
上學年度畢業人數　博士	1,964	1,959	5	-	1,700	4	-	-	1	259	-	-
碩士	35,981	33,897	2,084	-	22,694	1,302	-	-	424	11,203	358	-
大學	192,854	138,396	54,458	-	42,448	8,972	-	-	1,161	95,948	44,325	-
副學士（專科）	91,009	13,662	67,722	9,625	4,352	5,993	442	-	-	9,310	61,729	9,183
2年制	60,060	6,644	45,453	7,963	2,091	4,442	442	-	-	4,553	41,011	7,521
5年制	30,949	7,018	22,269	1,662	2,261	1,551	-	-	-	4,757	20,718	1,662
計	1,296,558	913,912	345,578	37,068	334,336	41,782	2,924	3,939	1,954	575,637	301,842	34,144
94　學生人數　博士班	27,531	27,431	100	-	22,930	79	-	82	-	4,419	21	-
碩士班	149,493	144,373	5,120	-	93,176	1,733	-	1,470	310	49,727	3,077	-
學士班	938,648	709,173	229,475	-	215,430	27,837	-	2,387	1,644	491,356	199,994	-

年代	項目		總計	大學	獨立學院	專科學校	國立			直轄市立		私立		
							大學	獨立學院	專科學校	獨立學院	專科學校	大學	獨立學院	專科學校
	上學年度畢業人數	專科	180,886	32,935	110,883	37,068	2,800	12,133	2,924			30,135	98,750	34,144
		2年制	78,682	10,059	53,297	15,326	448	6,343	937			9,611	46,954	14,389
		5年制	102,204	22,876	57,586	21,742	2,352	5,790	1,987			20,524	51,796	19,755
		計	336,865	222,848	103,526	10,491	79,329	10,154	812	908	405	142,611	92,967	9,679
		博士	2,165	2,157	8	-	1,856	8	-			301	-	-
		碩士	42,334	41,299	1,035	-	27,145	379	-	291	61	13,863	595	-
		大學	210,763	162,795	47,968	-	48,199	5,060	-	617	344	113,979	42,564	-
		副學士（專科）	81,603	16,597	54,515	10,491	2,129	4,707	812			14,468	49,808	9,679
		2年制	52,681	8,017	36,823	7,841	701	3,124	430			7,316	33,699	7,411
		5年制	28,922	8,580	17,692	2,650	1,428	1,583	382			7,152	16,109	2,268
95	學生人數	計	1,313,993	968,208	310,100	35,685	346,979	44,263	2,678	4,013	2,096	617,216	263,741	33,007
		博士班	29,839	29,730	109		24,743	109	-	96	-	4,891	-	
		碩士班	163,585	159,450	4,135		101,999	2,201	-	1,553	347	55,898	1,587	-
		學士班	966,591	749,512	217,079		218,660	31,058	-	2,364	1,749	528,488	184,272	-
		專科	153,978	29,516	88,777	35,685	1,577	10,895	2,678			27,939	77,882	33,007
		2年制	61,380	7,178	41,934	12,268	103	5,651	654			7,075	36,283	11,614

下表為 96 年代高等教育統計（單位：人）

年代 96		總計	大學	獨立學院	專科學校	國立			直轄市立		私立		
						大學	獨立學院	專科學校	獨立學院	專科學校	大學	獨立學院	專科學校
上學年度畢業人數	5年制	92,598	22,338	46,843	23,417	1,474	5,244	2,024	-	-	20,864	41,599	21,393
	計	325,106	232,342	84,112	8,652	82,075	10,202	707	949	388	149,318	73,522	7,945
	博士	2,614	2,606	8	-	2,229	5	-	-	3	377	-	-
	碩士	45,736	44,746	990	-	28,912	461	-	382	68	15,452	461	-
	大學	219,919	172,478	47,441	-	49,827	6,068	-	567	317	122,084	41,056	-
	副學士（專科）	56,837	12,512	35,673	8,652	1,107	3,668	707	-	-	11,405	32,005	7,945
	2年制	34,418	5,285	23,739	5,394	267	2,329	308	-	-	5,018	21,410	5,086
	5年制	22,419	7,227	11,934	3,258	840	1,339	399	-	-	6,387	10,595	2,859
學生人數	計	1,326,029	1,030,724	260,529	34,776	366,530	36,021	2,977	4,311	2,196	659,883	222,312	31,799
	博士班	31,707	31,572	135	-	26,223	131	-	110	4	5,239	-	-
	碩士班	172,518	168,142	4,376	-	107,107	2,198	-	1,750	393	59,285	1,785	-
	學士班	987,914	798,659	189,255	-	230,521	25,861	-	2,451	1,799	565,687	161,595	-
	專科	133,890	32,351	66,763	34,776	2,679	7,831	2,977	-	-	29,672	58,932	31,799
	2年制	47,060	9,871	28,375	8,814	1,729	2,870	846	-	-	8,142	25,505	7,968
	5年制	86,830	22,480	38,388	25,962	950	4,961	2,131	-	-	21,530	33,427	23,831

年代 / 項目	總計	大學	獨立學院	專科學校	國立大學	國立獨立學院	國立專科學校	直轄市立大學	直轄市立獨立學院	直轄市立專科學校	私立大學	私立獨立學院	私立專科學校
上學年度畢業人數　計	325,274	248,535	68,775	7,964	87,033	8,785	616	926	418	-	160,576	59,572	7,348
博士	2,850	2,842	8	-	2,379	8	-	3	-	-	460	-	-
碩士	49,976	49,001	975	-	31,865	483	-	395	103	-	16,741	389	-
大學	228,645	185,129	43,516	-	51,210	6,134	-	528	315	-	133,391	37,067	-
副學士（專科）	43,803	11,563	24,276	7,964	1,579	2,160	616	-	-	-	9,984	22,116	7,348
2年制	24,884	5,040	15,290	4,554	1,086	1,101	240	-	-	-	3,954	14,189	4,314
5年制	18,919	6,523	8,986	3,410	493	1,059	376	-	-	-	6,030	7,927	3,034
學生人數　計	1,337,455	1,062,248	237,253	37,954	381,246	31,465	3,378	4,347	2,300	-	676,655	203,488	34,576
博士班	32,891	32,846	45	-	27,263	36	-	130	9	-	5,453	-	-
碩士班	180,809	177,207	3,602	-	112,600	1,637	-	1,699	426	-	62,908	1,539	-
學士班	1,006,102	824,031	182,071	-	239,619	22,780	-	2,518	1,865	-	581,894	157,426	-
專科	117,653	28,164	51,535	37,954	1,764	7,012	3,378	-	-	-	26,400	44,523	34,576
2年制	32,866	7,460	17,754	7,652	1,044	2,129	1,126	-	-	-	6,416	15,625	6,526
5年制	84,787	20,704	33,781	30,302	720	4,883	2,252	-	-	-	19,984	28,898	28,050
97　計	323,540	255,716	60,834	6,990	92,033	7,976	625	1,027	292	-	162,656	52,566	6,365
博士	3,140	3,140	-	-	2,642	-	-	3	-	-	495	-	-

下表為 98 學年度各類學校畢業人數與學生人數統計（單位：人）。

項目	總計	合計－大學	合計－獨立學院	合計－專科學校	國立－大學	國立－獨立學院	國立－專科學校	直轄市立－大學	直轄市立－獨立學院	私立－大學	私立－獨立學院	私立－專科學校
上學年度畢業人數 碩士	54,387	53,765	622	-	34,718	337	-	483	76	18,564	209	
大學	230,198	188,767	41,431	-	53,641	5,699	-	541	216	134,585	35,516	-
副學士（專科）	35,815	10,044	18,781	6,990	1,032	1,940	625			9,012	16,841	
2年制	20,901	5,092	12,095	3,714	755	1,090	247			4,337	11,005	
5年制	14,914	4,952	6,686	3,276	277	850	378			4,675	5,836	
計	1,336,659	1,084,367	209,750	42,542	384,173	35,528	3,706	4,611	2,290	695,583	171,932	38,836
學生人數 博士班	33,751	33,693	58	-	27,826	43	-	162	15	5,705	-	-
碩士班	183,401	179,573	3,828	-	113,775	2,136	-	1,800	430	63,998	1,262	-
學士班	1,010,952	846,901	164,051	-	241,223	26,705	-	2,649	1,845	603,029	135,501	-
專科	108,555	24,200	41,813	42,542	1,349	6,644	3,706			22,851	35,169	38,836
2年制	22,941	4,680	11,380	6,881	635	1,781	1,297			4,045	9,599	5,584
5年制	85,614	19,520	30,433	35,661	714	4,863	2,409			18,806	25,570	33,252
計	317,162	258,292	52,105	6,765	92,595	8,691	784	1,091	437	164,606	42,977	5,981
上學年度畢業人數 博士	3,589	3,587	2	-	3,016	2	-	5		566		-
碩士	57,674	56,706	968	-	36,303	592	-	556	126	19,847	250	-
大學	227,885	189,955	37,930	-	52,684	6,435	-	530	311	136,741	31,184	-

（年代：98）

年代	項目	總計	大學	獨立學院	專科學校	國立 大學	國立 獨立學院	國立 專科學校	直轄市立 大學	直轄市立 獨立學院	直轄市立 專科學校	私立 大學	私立 獨立學院	私立 專科學校
99	**學生人數** 副學士（專科）	28,014	8,044	13,205	6,765	592	1,662	784	-	-	-	7,452	11,543	5,981
	2年制	14,924	3,960	7,615	3,349	500	866	392	-	-	-	3,460	6,749	2,957
	5年制	13,090	4,084	5,590	3,416	92	796	392	-	-	-	3,992	4,794	3,024
	計	1,343,603	1,126,929	170,168	46,506	400,256	24,679	4,102	4,814	2,365	-	721,859	143,124	42,404
	博士班	34,178	34,158	20	-	28,016	-	-	178	20	-	5,964	-	-
	碩士班	185,000	182,328	2,672	-	116,418	1,230	-	1,869	464	-	64,041	978	-
	學士班	1,021,636	887,446	134,190	-	254,205	18,037	-	2,767	1,881	-	630,474	114,272	-
	專科	102,789	22,997	33,286	46,506	1,617	5,412	4,102	-	-	-	21,380	27,874	42,404
	2年制	15,818	4,066	5,789	5,963	634	832	1,398	-	-	-	3,432	4,957	4,565
	5年制	86,971	18,931	27,497	40,543	983	4,580	2,704	-	-	-	17,948	22,917	37,839
	計	315,039	266,315	40,997	7,727	96,232	5,974	832	1,117	453	-	168,966	34,570	6,895
	畢業人數 博士	3,705	3,705	-	-	3,109	-	-	1	-	-	595	-	-
	碩士	59,492	58,781	711	-	37,648	405	-	551	125	-	20,582	181	-
	大學	227,174	196,136	31,038	-	54,999	4,164	-	565	328	-	140,572	26,546	-
	副學士（專科）	24,668	7,693	9,248	7,727	476	1,405	832	-	-	-	7,217	7,843	6,895
	2年制	10,913	3,450	4,435	3,028	403	609	444	-	-	-	3,047	3,826	2,584

年代	學生人數／上學年度畢業人數		總計	大學	獨立學院	專科學校	國立 大學	國立 獨立學院	國立 專科學校	直轄市立 大學	直轄市立 獨立學院	直轄市立 專科學校	私立 大學	私立 獨立學院	私立 專科學校
100	學生人數	5年制	13,755	4,243	4,813	4,699	73	796	388	-	-	-	4,170	4,017	4,311
		計	1,352,084	1,154,557	147,249	50,278	403,586	21,928	4,294	4,727	2,326	-	746,244	122,995	45,984
		博士班	33,686	33,665	21	-	27,409	-	-	195	21	21	6,061	-	-
		碩士班	184,113	181,857	2,256	-	116,353	965	-	1,722	447	447	63,782	844	-
		學士班	1,032,985	917,018	115,967	-	258,552	15,830	-	2,810	1,858	1,858	655,656	98,279	-
		專科	101,300	22,017	29,005	50,278	1,272	5,133	4,294	-	-	-	20,745	23,872	45,984
		2年制	13,230	3,149	4,830	5,251	294	462	1,337	-	-	-	2,855	4,368	3,914
		5年制	88,070	18,868	24,175	45,027	978	4,671	2,957	-	-	-	17,890	19,504	42,070
	上學年度畢業人數	計	313,211	271,787	33,706	7,718	99,844	5,007	1,047	1,143	519	-	170,800	28,180	6,671
		博士	3,846	3,844	2	-	3,219	-	-	13	2	2	612	-	-
		碩士	60,024	59,398	626	-	38,607	271	-	532	128	128	20,259	227	-
		大學	228,878	201,890	26,988	-	57,530	3,645	-	598	389	389	143,762	22,954	-
		副學士（專科）	20,463	6,655	6,090	7,718	488	1,091	1,047	-	-	-	6,167	4,999	6,671
		2年制	7,107	1,867	2,377	2,863	358	374	602	-	-	-	1,509	2,003	2,261
		5年制	13,356	4,788	3,713	4,855	130	717	445	-	-	-	4,658	2,996	4,410

年代		總計	大學	獨立學院	專科學校	國立 大學	國立 獨立學院	國立 專科學校	直轄市立 大學	直轄市立 獨立學院	直轄市立 專科學校	私立 大學	私立 獨立學院	私立 專科學校
101	學生人數 計	1,355,290	1,190,368	112,841	52,081	415,804	11,158	2,951	4,800	2,313	-	769,764	99,370	49,130
	博士班	32,731	32,708	23	-	26,396	-	-	205	23	-	6,107	-	-
	碩士班	183,094	181,517	1,577	-	116,688	458	-	1,707	424	-	63,122	695	-
	學士班	1,038,041	948,678	89,363	-	267,351	8,243	-	2,888	1,866	-	678,439	79,254	-
	專科	101,424	27,465	21,878	52,081	5,369	2,457	2,951	-	-	-	22,096	19,421	49,130
	2年制	12,364	3,734	4,541	4,089	683	419	824	-	-	-	3,051	4,122	3,265
	5年制	89,060	23,731	17,337	47,992	4,686	2,038	2,127	-	-	-	19,045	15,299	45,865
	上學年度畢業生人數 計	315,564	281,797	26,190	7,577	103,759	2,554	601	1,057	625	-	176,981	23,011	6,976
	博士	3,861	3,855	6	-	3,225	-	-	9	6	-	621	-	-
	碩士	60,050	59,559	491	-	38,606	187	-	463	127	-	20,490	177	-
	大學	232,448	210,946	21,502	-	60,859	1,902	-	585	492	-	149,502	19,108	-
	副學士（專科）	19,205	7,437	4,191	7,577	1,069	465	601	-	-	-	6,368	3,726	6,976
	2年制	5,666	1,721	1,692	2,253	338	162	310	-	-	-	1,383	1,530	1,943
	5年制	13,539	5,716	2,499	5,324	731	303	291	-	-	-	4,985	2,196	5,033
102	學生人數 計	1,345,973	1,196,450	95,346	54,177	413,816	11,427	3,057	7,127	-	-	775,507	83,919	51,120
	博士班	31,475	31,475	-	-	25,139	-	-	218	-	-	6,118	-	-

年代	總計	大學	獨立學院	專科學校	國立 大學	國立 獨立學院	國立 專科學校	直轄市立 大學	直轄市立 獨立學院	直轄市立 專科學校	私立 大學	私立 獨立學院	私立 專科學校
碩士班	177,305	176,245	1,060	-	114,819	433	-	-	2,075	-	59,351	627	-
學士班	1,035,534	960,857	74,677	-	268,102	8,381	-	-	4,834	-	687,921	66,296	-
專科	101,659	27,873	19,609	54,177	5,756	2,613	3,057	-		-	22,117	16,996	51,120
2年制	11,261	3,718	4,099	3,444	1,018	592	777	-	-	-	2,700	3,507	2,667
5年制	90,398	24,155	15,510	50,733	4,738	2,021	2,280	-	-	-	19,417	13,489	48,453
計	309,333	279,352	21,650	8,331	104,059	2,636	600	-	1,635	-	173,658	19,014	7,731
上學年度畢業人數 博士	4,241	4,241	-	-	3,524	-	-	-	14	-	703	-	-
碩士	60,218	59,899	319	-	38,539	172	-	-	617	-	20,743	147	-
大學	226,799	209,062	17,737	-	60,856	2,030	-	-	1,004	-	147,202	15,707	-
副學士（專科）	18,075	6,150	3,594	8,331	1,140	434	600	-	-	-	5,010	3,160	7,731
2年制	5,342	1,653	1,785	1,904	402	123	312	-	-	-	1,251	1,662	1,592
5年制	12,733	4,497	1,809	6,427	738	311	288	-	-	-	3,759	1,498	6,139

第六章

專科學校的沒落

任何一個國家不能沒有專科學校，以工程來講，專科學校培養技術人員，工學院培養工程師。當然這其中的差別也不是非常大，至少我們可以這樣講，那就是工程師中有些人是要從事研發工作的，但也有些工程師是從事維護工作。研發工程師絕對是要由工學院來培養，專科學校也是可以培養維護工程師的，但是最重要的是，專科學校可以培養技術人員。

我曾經看過一個非常有意義的影片，介紹一家德國汽車引擎公司，這家公司的引擎顯然是高價位的，它們沒有利用生產線，一架引擎從頭到尾都是一位技術人員負責。最使我感到特殊的是，當這架引擎的裝配工作完全結束以後，這位技術人員會從口袋中拿出非常精美的名牌，名牌上用花式的字體刻了他的名字，然後他可以將這個名牌裝到引擎上去，也就是說，這家公司要大家知道，這個引擎是某某人裝配完成的，可見得在很多的工業上，這種技術人員是非常重要的。

歐洲很多跑車，除了設計者名字會公開以外，還會公布焊接技術員的名字。

很多人不知道我們要設計一個機器，必須知道很多技術上的細節，很多沒有經驗的機械工程師，按照一些理論設計了一個機器，但被人發現這架機器是造不出來的，因為沒有一個工具機上的刀具可以做出這架機器上所需的零件。因此，一個國家的工業必須要注意技術的細節，也就是說，我們如果要工業

發達，就必須要有很多的人是對技術非常瞭解的。

　　我國在過去一直有相當不錯的專科學校，可惜政府採取了一個政策，那就是專科如果辦得好，就可以升級為技術學院，技術學院辦得好又可以升格為科技大學。因此，我們國家只剩下極少數的專科學校了。這種政策實在是給國人一個印象，那就是專科學校是被政府看不起的。

　　問題是，專科學校升為技術學院以後，這些技術學院就一定要聘請大批有博士學位的教授來教書。可想而知的是，這些教授不一定懂技術，所以他們往往選擇他們所懂的東西來教，而且我相信他們也是非如此做不可，因為他們已經升格了，不太可能再強調技術，而必須多注重理論。其結果是，我們的技術學院以及科技大學都變成高不成低不就的學校。我們過去在北部和南部都有非常傑出的專科學校，現在這些專科學校都變成了科技大學，也絕對失去了他們過去獨有的特色。學生不再很懂技術，但是又並不能夠深刻瞭解理論，這是一件非常可怕的事情。

　　我知道有一所科技大學所使用的電子學教科書是英文的，而且也是臺大、清大、交大這些學校所採用的教科書，可是學生的程度是無法和臺清交學生相比的，就以英文來說，他們就看不太懂英文教科書，所以讀起來極為吃力，結果是他們連最基本的電子學都沒有學好。

我曾經在很多年前參加一個由教育部所主辦的研討會，我記得非常清楚，一位來自英國的教授所講演的內容就是有關在英國將專科學校升級的事情，他一再重複地警告臺灣絕不可做這件事，從種種跡象來看，這是極為錯誤的決定。我還記得我的發言是希望教育部的官員能夠注意英國這位教授的發言，因為當時政府還沒有採取將專科學校升級的政策。可是我也立刻注意到教育部官員發言的時候，一字不提英國教授所講的話，當然更加不提我的話，不知道那位官員聽懂了英國教授的話沒有？遺憾的是，不久政府就採取了專科學校升級的辦法。

　　將專科學校消滅的政策，使得我國的青年學子對於學技術失去了興趣，因為他們感覺到政府的政策都是如此，如果他們選擇了技術這條路，將來一定沒有工作可做。我們不妨看看高工的問題。

　　原來高工成立的目的是希望培養一些人才，可以在高工畢業以後就能到職場工作。但是現在唸高工的同學都想唸大學，一來是因為政府廣設大學的政策，使得升學比較容易，二來他們會有一種想法，那就是唯有升大學，將來才有出息。也就是說，他們雖然在唸高工，其實他們並不是完全想學一些技術，而是想畢業以後能夠升大學。因此，純高工的學校就會愈來愈少，以新竹地區而言，目前在私立高職中，仍然有高工科的學

校實在少得可憐。從以下表格中可以看出很多的高職都關閉了高工的科目，高中的化工科幾乎在私立學校中完全消失了。

內思高工

校址：新竹縣新埔鎮楊新路一段40號

時間	增設科別	現有科別
47年	設機工、電工二科	機工、電工二科
62年	電子自動控制科	機工、電工、電子自動控制科
75年	機工科、電工科、電子自動控制科分別改名為電機科、控制科	機械科、電機科、控制科
79年	增設資訊科	機械科、電機科、控制科、資訊科
88年	控制科改名為電子科	機械科、電機科、電子科、資訊科
101年8月	增設多媒體設計科	機械科、電機科、電子科、資訊科、多媒體設計科

仰德高中

校址：新竹縣新豐鄉員山村133號

時間	增設科別	現有科別
60年8月	電子設備修護科	電子設備修護科
61年8月	電工科	電子設備修護科、電工科
62年8月	電器冷凍修護科	電子設備修護科、電工科、電器冷凍修護科
63年8月	增設機工、汽車修護、機械製圖科	電子設備修護科、電工科、電器冷凍修護科機工科、汽車修護科、機械製圖科
68年8月	停招電器冷凍修護科	電子設備修護科、電工科、機工、汽車修護、機械製圖科
69年8月	增設板金科	電子設備修護科、電工科、機工科、汽車修護科、機械製圖科、板金科
75年8月	電子設備修護科改為電子科 電工科改為電機科 機工科改為機械科 汽車修護科改為汽車科	電子科、電機科、機械科、汽車科、機械製圖科、板金科
76年8月	增設資訊科	電子科、電機科、機械科、汽車科、機械製圖科、板金科、資訊科
77年1月	停招機械製圖科	電子科、電機科、機械科、汽車科、板金科、資訊科
77年8月	停招板金科 增設美容科	電子科、電機科、機械科、汽車科、資訊科、美容科
84年8月	增設餐飲管理科、觀光事業科 停招電子科、機械科	電機科、汽車科、資訊科、美容科、餐飲管理科、觀光事業科
85年8月	增設資料處理科 停招電機科	汽車科、資訊科、美容科 餐飲管理科 觀光事業科、資料處理科
90年8月	增設普通科	汽車科、資訊科、美容科、餐飲管理科、觀光事業科、資料處理科普通科
92年8月	資訊科改為電子商務科 停招觀光事業科、資料處理科	汽車科、美容科、餐飲管理科 電子商務科、普通科

東泰高中

校址：新竹縣竹東鎮東峰路343號

時間	增設、停招科別
60年5月 附設進修補習學校	工業及商業類科
71學年度	機工科及傢俱木工科
73學年	幼兒保育、服裝縫製及美容
93學年度	設實用技能班三年段汽車修護科、美顏技術科、餐飲技術科各一班
94學年度	增設實用技能班－中餐廚師科一班
95學年度	增設實用技能班－微電腦修護科一班 恢復餐飲科、美容科、幼保科、汽車科、資訊科及資處科

義民中學

校址：竹北市中正西路15號

時間	增設、停招科別	現有科別
民國57年	停辦初中部，專辦高級部，增設高級綜合商業科	普通科、商業科
民國59年	增設電子設備修護科並奉准設夜間補習學校	普通科、商業科電子設備修護科
民國60年	增設電工科	普通科、商業科、電子設備修護科電工科
民國77年	綜合商業科更名為商業經營科	普通科、電子設備修護科電工科、商業經營科
民國78年	商業經營科改名為資料處理科	普通科、電子設備修護科電工科、資料處理科
民國79年	增設廣告設計科	普通科、電子設備修護科電工科、資料處理科、廣告設計科
民國86年	恢復設置國中部	
民國89年	增設幼兒保育科，並將電工科改設資訊科	普通科、電子設備修護科、資料處理科、廣告設計科、資訊科
民國95年	勤學大樓竣工使用	
民國96年	國中部教學行政大樓竣工使用，停招電子科	普通科、資料處理科、廣告設計科、資訊科

新北市立新北高級工業職業學校（原國立海山高工）2008年調整減機械科1班，改設應用外語（英文）科。

　　我國有關於專科學校的政策乃是教改中的一大敗筆，也重創我國的製造業。我們現在又要強調這種技術類教育的重要性，可是大勢已去，恐怕很難再有過去臺北工專以及高雄工專那麼好的專科學校。這有一點像一個國家培養了很多醫生，卻在一夜之間發現醫院裡面沒有護士。

　　我們不妨去看一下飛機製造廠的情形，我敢說，大概只有少數是工程師，相當多的人都是技術人員。我們總不能請臺大電機系的學生將來負責某某大樓的拉線工程，這是他們完全搞不清楚的事。我們也不能要求臺大機械系畢業的工程師精通工具機的用法，但是沒有人會使用工具機，我國的機械工業不會有前途的。

升格？降格？搞清專校重要性

【聯合報／李家同／清大孫運璿榮譽講座教授（新竹市）】
2014.5.11 04:22 am

過去，政府有個政策，專科學校如果辦得好，就可升格為技術學院。這話還有一個意義，如果不能升為技術學院，大概是辦得不夠好。因此國內，除大多數護專維持原名稱外，絕大多數專校都升格了。

專科學校和技術學院的教學內容，當然是不同的，否則有何區別？政府的這種政策，是認為專校是可有可無的。如果專校都成了技術學院，若對國家是好的事情。那可以說，這政策明示政府對專校是不重視的。

根據報導，政府打算修法，對辦學績效不佳的技職校院，教育部得命其改制為專校。如果這是真的，好像表示未來的專科學校，都可能是現在辦學績效不彰的學校。令我好奇的是，這樣學生還會想去唸嗎？

從這個政策來看，政府仍然沒有改變過去的想法，仍不認為專科學校是重要的。否則怎麼可以說，將技術學院改制為專校，乃是降格的舉動？換言之，政府仍然不知道專校是重要的，是對我們國家的工業發展，有絕對的重要性。

我曾經看過一部紀錄片，德國汽車廠技術人員，在完成裝配引擎後，除了貼上汽車廠牌外，還貼上一個上面寫著他名字的牌子，也就是說他的名字會永遠留在這個引擎上。有這種制度，是因為他們知道技術人員的重要性，而這種技術人員，正是專科學校該培養的。政府不妨去看看，波音公司或者空中巴士，他們用了多少位工程師及技術人員。

　　如果政府真的認為專校，是不該存在的，而專校一定是當年辦學不好的學校，那正確作法乃是完全廢止專校。

　　如果政府知道專校的重要，就應該對專校予以尊重和重視。絕對不可以使用升格和降格的名詞，更不能說，辦學績效不佳的技職院校，就改制專校。

　　政府一直對專校沒有好的政策，其原因是搞不清楚專校的重要性。

　　從過去升格，到現在降格，有如過去官員發配邊疆的做法。當年出了問題的官吏，就被貶到偏遠地方去；現在則是，辦學不力的學校，就命令他降格為專校。過去這種看不起邊疆的作法，到現在恐怕還是有它的嚴重後遺症。

　　如果，政府真的認為專校是重要的，那應該鼓勵辦學績效好的技術學院，改制為專科學校。

附件1

專科學校法（民國103年6月18日修正）

第7條

由專科學校改制之技術學院，或由技術學院改名之科技大學，有下列情形之一，公立者，由教育部核定後，改制為專科學校；私立者，由所屬學校財團法人報教育部核定後，改制為專科學校：

一、校務發展需要。

二、遭遇重大困難不能繼續辦理，須作必要調整。

前項技術學院或科技大學辦學績效不佳，教育部得命其改制為專科學校。

專科學校辦學績效不佳，經限期改善而無效果者，教育部得命其停辦。

依第五條規定由技術型高級中等學校改制之專科學校，得準用第一項及第二項規定改制為技術型高級中等學校。

前四項改制、停辦之條件、程序及其他應遵行事項之辦法，由教育部定之。

附件2

至103年止，純專科學校有：
· 國立臺南護理專科學校
· 國立臺東專科學校
· 康寧醫護暨管理專科學校
· 馬偕醫護管理專科學校
· 仁德醫護管理專科學校
· 樹人醫護管理專科學校
· 慈惠醫護管理專科學校
· 耕莘健康管理專科學校
· 敏惠醫護管理專科學校
· 高美醫護管理專科學校
· 育英醫護管理專科學校
· 崇仁醫護管理專科學校
· 聖母醫護管理專科學校
· 新生醫護管理專科學校

大學、學院附設專科：
· 國立臺北商業技術學院附設專科進修學校
· 和春技術學院附設專科進修學校

- 華夏技術學院附設專科進修學校
- 亞太創意技術學院附設專科進修學校
- 國立空中大學附設空中專科進修學校
- 樹德科技大學附設專科進修學校
- 國立勤益科技大學附設專科進修學校
- 國立高雄應用科技大學附設專科
- 元培科技大學99學年度附設專科進修學校
- 明新科技大學附設專科進修學校
- 國立臺中科技大學附設專科進修學校
- 私立臺北城市科技大學附設專科進修學校
- 中州科技大學附設專科進修學校
- 美和科技大學附設專科進修學校
- 中國科技大學附設專科進修學校
- 遠東科技大學附設專科部
- 大仁科技大學附設專科進修學校
- 景文科技大學附設專科進修學校
- 美和科技大學附設專科進修學校
- 國立虎尾科技大學附設專科部
- 元培科技大學附設專科進修學校
- 高苑科技大學附設專科進修學校
- 萬能科技大學附設專科部

- 建國科技大學附設進修學院暨專科進修學校
- 輔英科技大學附設專科部
- 大仁科技大學附設專科進修學校
- 大華科技大學附設專科部
- 國立高雄海洋科技大學附設專科部
- 僑光科技大學附設專科部
- 修平科技大學附設專科進修學校
- 吳鳳科技大學附設專科部
- 中華科技大學附設專科進修學校

教改休兵，不要鬧了！

第七章

廢止大學聯招

教改中的一大重點乃是廢止聯招，聯招一直被認為是毒蛇猛獸，必須去之以一快！當時的學者們認為聯招必使學生死讀書而無創意，不僅如此，他們甚至隱隱約約地提出一種觀念，那就是他們是痛恨紙筆考試的。他們希望孩子都在快樂中學習，永遠沒有考試的壓力，唯有如此，孩子們才會對讀書有興趣。還有一點，那就是美國沒有聯招，英國沒有聯招，因此我們國家也不該有聯招。

當初廢止聯招的時候，很多學者認為從此大家不會再去補習了，我們現在看看數據，補習班的數目愈來愈多。（見p.114說明）。

因此，我們不妨研究一下，為什麼廢止了聯招，仍然無法減輕學生的壓力？道理其實非常簡單，我們國家和很多國家是不一樣的，我們很多家長希望孩子能夠進入好的學校，這是亞洲國家的文化。即使亞洲人移民到外國去，想把孩子送到好學校的觀念仍然是存在的。以美國為例，從前我們的移民都是勞動階級，很多人在美國從事收入非常低的工作，可是他們的下一代卻很少做這一類的工作。原因何在？還不是因為他們讓下一代進入好的學校，接受好的教育，最後進入了中產階級社會。很多從美國大學拿到博士學位的人，如果你去看他的祖父，往往都是勞工。

這種情形不僅僅發生在美國，在馬來西亞也是如此。華人

到馬來西亞，很多不是有錢人，可是他們非常重視教育，以至於他們的孩子們在馬來西亞有相當好的競爭力。馬來西亞的華人人數雖然少，可是幾乎全部是當地的中產階級，這完全是因為華人重視教育的緣故。

在這種文化之下，廢止聯招不會有任何功效。我們的家長，在聯招制度中想把孩子們送進比較好的學校。廢止了聯招，家長的想法並不會因此而改變，所以我實在不能瞭解當年廢止聯招的意義何在。

值得注意的是，雖然廢止了聯招，而且媒體大肆宣傳，聯招從此走入歷史，可是取而代之的至少有兩個考試，一個是學力測驗，一個是所謂的指定考試。兩個考試都是全國統一的，指定考試的分發也是統一的。所以我們要問的是，究竟聯招廢止了沒有？

首先我們要看學力測驗，學力測驗顧名思義是要看學生有沒有具備基本的學識。這是最奇怪的一件事，因為學力測驗的結果是入學很重要的分數，所以學力測驗絕對是一個入學考試。為了要表示學力測驗不是聯招，因此學力測驗以級分表示，也就是說你看到的成績是級分，最厲害的學生可以得到75級分，滿級分。有了學力測驗的結果，我們就可以經由很多管道來升學。這些管道是推薦甄選、申請入學、繁星計畫。我們暫時不檢討這些入學方法，不論是哪一種入學方法，學生都必

須拿到好分數，否則沒有好學校唸。舉例來說，要進臺清交成的學力測驗分數要拿到65級分左右。這談何容易？如果你不夠聰明，那唯一能夠得到高分的辦法，仍然要進補習班。僅靠在學校上課就能進第一志願的學生，只有少數。至於指定考試，情況也是一樣，反正要想進好學校，競爭永遠是有的。廢止聯招根本不可能使大家皆大歡喜，輕鬆下來。

廢止聯招以後要考兩次試，奇怪的是，前面的學力測驗考得比較容易一點，考試範圍只考高一和高二的內容。學力測驗的結果是可以讓你經由申請入學，所以有些程度非常好的學生在學力測驗放榜以後，就可以如願進入大學。程度不那麼好的學生，或是考試成績不如預期的學生，就要繼續的參加指定考試。可是指定考試的考題又比學力測驗的難，所以矛盾又來了，程度好的學生只要準備比較簡單的東西即可，而程度不好的學生卻必須要準備難的考試。這不是奇怪嗎？

廢止聯招以後，很多同學進入大學可以經由推薦甄選、申請入學、繁星計畫這三種方式。最大的問題在於，一個孩子要想申請進大學，必須要填很多的資料，比方說，他必須要寫自傳，也必須講自己有多偉大，甚至於還要談到他入學以後的計畫。對於一些弱勢的孩子而言，這些可能都是很大的麻煩。就以自傳來講，很多孩子來自非常不幸的家庭，我們要他將自己家庭的事寫入自傳中，當然不是一件很快樂的事。因此，有些

孩子就被迫放棄了申請入學這件事。他們不害怕聯招，因為聯招之後的分發絕對不會考慮他的家庭背景。

申請入學時，如果學生會一些特殊的技藝，將會對成績有所幫助。當初有這種想法的人是為了要幫助弱勢的孩子，他們認為弱勢的孩子不見得會考試，可是他們也許會有一些技藝，比方說唱歌。但是，我們誰都知道，就以音樂來講，弱勢孩子的音樂修養，絕對比不上富有家庭孩子的音樂修養。我曾經看過一所大學內忽然出現很多高中生，他們各個衣著正式且講究，女孩子長裙落地，男孩子都穿西裝、打領帶，他們都是要申請進入這所大學。當然他們在學測上已經有了不錯的成績，可是如果完全靠學測的成績，是進不了這所大學的某些熱門科系。所以，他們就希望經由在音樂上的涵養來取勝。我的問題是，弱勢的孩子可能有這種能力嗎？有多少來自窮困家庭的小孩可以學鋼琴、小提琴或者大提琴？即使是體育，也有這種問題。體育好的學生也要參加比賽，才可以在申請入學上得到便宜。我知道有很多弱勢的孩子體育還不錯，可是他沒錢參加比賽。

申請入學又有一個問題，很多學校需要學生參加面試，一個學生參加面試所需的經費，至少有來回的交通費以及住宿旅館的費用。通常孩子第一次出遠門，家長都會陪伴，這些費用還要加倍，而且準備自傳、讀書計畫等也要用電腦打字，有時

還要加上照片等等，這也是一筆不小的開銷。如果一個學生不只申請一所大學，那就真的所費不貲了，這是弱勢孩子所無法負擔的。我當然忘了提到，申請入學的報名費大概也需要花用一千元。

當初廢止聯招，主要是希望幫助弱勢孩子，讓他們可以因為有技藝等等而進入大學。可是這個目的顯然沒有達到，申請入學對於弱勢的孩子反而不利，反倒幫助了那些家境好的孩子，因為他們比較有經濟能力來應付申請入學所需的經費。

繁星計畫的確有它的好處，因為不需要面試，可以節省很多錢。也許繁星計畫的確幫助了一些偏遠地區的孩子，使他們能進入比較好的大學。可是這樣做有意義嗎？多數明星大學的學生，程度是非常高的，一個人勉強進入明星大學，立刻面臨一個問題，那就是他在班上的成績有可能是吊車尾。這對於孩子來說，是相當嚴重的事。當初他之所以能以繁星計畫入學就讀，就是因為他在學校成績名列前茅，現在在大學裡，反而變成了班上的後段班學生，有的甚至根本就考試不及格。我知道我們希望幫助他們，但可能幫不上什麼忙。

廢止聯招，顯示我們國家教育界有一個很大的迷思，那就是我們永遠認為教育的問題都和入學制度有關，所以我們不斷地在入學制度上打轉。這種情形使得我們的入學制度改來改去，但是學生的程度從未因為入學制度的改變，而有顯著的進

步。最近政府所推行的十二年國教，其重點又是在入學制度的改變上著墨，它最響亮的口號就是免試升學。不知道多少人聽到免試升學都大為高興，因為他們總是認為我們國家太多考試。其實，免試升學只是口號而已，免的是升高中所用的基本學力測驗，免掉這個考試以後，還是要考會考。

說明

資料來源http://bsb.edu.tw/

新北市補習班最近十年成長統計圖表

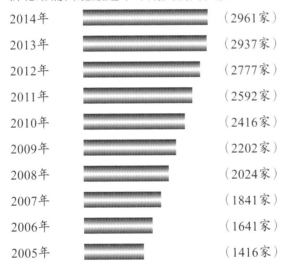

2014年	（2961家）
2013年	（2937家）
2012年	（2777家）
2011年	（2592家）
2010年	（2416家）
2009年	（2202家）
2008年	（2024家）
2007年	（1841家）
2006年	（1641家）
2005年	（1416家）

臺北市補習班最近十年成長統計圖表

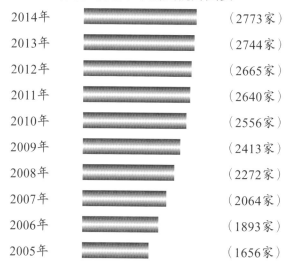

年份		家數
2014年		（2773家）
2013年		（2744家）
2012年		（2665家）
2011年		（2640家）
2010年		（2556家）
2009年		（2413家）
2008年		（2272家）
2007年		（2064家）
2006年		（1893家）
2005年		（1656家）

桃園縣市補習班最近十年成長統計圖表

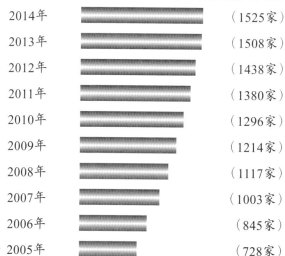

年份		家數
2014年		（1525家）
2013年		（1508家）
2012年		（1438家）
2011年		（1380家）
2010年		（1296家）
2009年		（1214家）
2008年		（1117家）
2007年		（1003家）
2006年		（845家）
2005年		（728家）

新竹縣補習班最近十年成長統計圖表

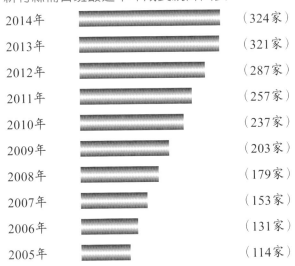

2014年	（324家）
2013年	（321家）
2012年	（287家）
2011年	（257家）
2010年	（237家）
2009年	（203家）
2008年	（179家）
2007年	（153家）
2006年	（131家）
2005年	（114家）

新竹市補習班最近十年成長統計圖表

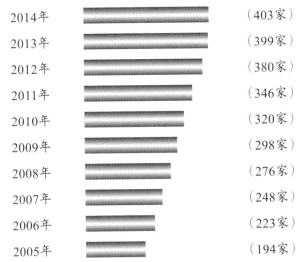

2014年	（403家）
2013年	（399家）
2012年	（380家）
2011年	（346家）
2010年	（320家）
2009年	（298家）
2008年	（276家）
2007年	（248家）
2006年	（223家）
2005年	（194家）

苗栗縣補習班最近十年成長統計圖表

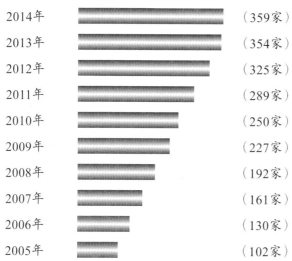

2014年　（359家）
2013年　（354家）
2012年　（325家）
2011年　（289家）
2010年　（250家）
2009年　（227家）
2008年　（192家）
2007年　（161家）
2006年　（130家）
2005年　（102家）

臺中市補習班最近十年成長統計圖表

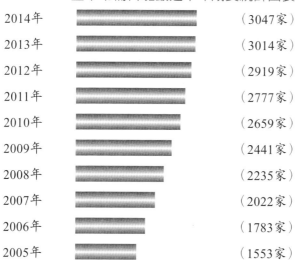

2014年　（3047家）
2013年　（3014家）
2012年　（2919家）
2011年　（2777家）
2010年　（2659家）
2009年　（2441家）
2008年　（2235家）
2007年　（2022家）
2006年　（1783家）
2005年　（1553家）

彰化縣補習班最近十年成長統計圖表

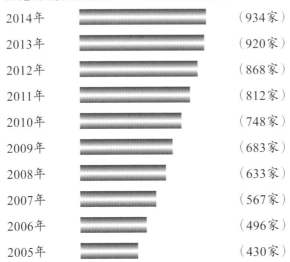

年份	家數
2014年	（934家）
2013年	（920家）
2012年	（868家）
2011年	（812家）
2010年	（748家）
2009年	（683家）
2008年	（633家）
2007年	（567家）
2006年	（496家）
2005年	（430家）

南投縣補習班最近十年成長統計圖表

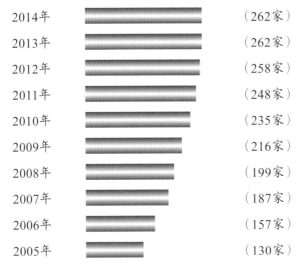

年份	家數
2014年	（262家）
2013年	（262家）
2012年	（258家）
2011年	（248家）
2010年	（235家）
2009年	（216家）
2008年	（199家）
2007年	（187家）
2006年	（157家）
2005年	（130家）

雲林縣補習班最近十年成長統計圖表

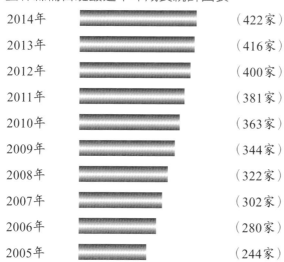

2014年	（422家）
2013年	（416家）
2012年	（400家）
2011年	（381家）
2010年	（363家）
2009年	（344家）
2008年	（322家）
2007年	（302家）
2006年	（280家）
2005年	（244家）

嘉義市補習班最近十年成長統計圖表

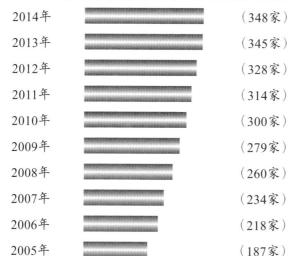

2014年	（348家）
2013年	（345家）
2012年	（328家）
2011年	（314家）
2010年	（300家）
2009年	（279家）
2008年	（260家）
2007年	（234家）
2006年	（218家）
2005年	（187家）

嘉義縣補習班最近十年成長統計圖表

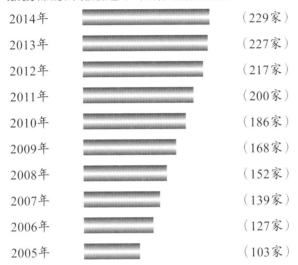

2014年　　　　　　　　　　　　　（229家）

2013年　　　　　　　　　　　　　（227家）

2012年　　　　　　　　　　　　　（217家）

2011年　　　　　　　　　　　　　（200家）

2010年　　　　　　　　　　　　　（186家）

2009年　　　　　　　　　　　　　（168家）

2008年　　　　　　　　　　　　　（152家）

2007年　　　　　　　　　　　　　（139家）

2006年　　　　　　　　　　　　　（127家）

2005年　　　　　　　　　　　　　（103家）

臺南市補習班最近十年成長統計圖表

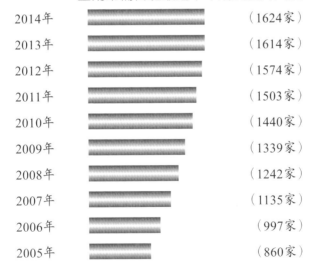

2014年　　　　　　　　　　　　　（1624家）

2013年　　　　　　　　　　　　　（1614家）

2012年　　　　　　　　　　　　　（1574家）

2011年　　　　　　　　　　　　　（1503家）

2010年　　　　　　　　　　　　　（1440家）

2009年　　　　　　　　　　　　　（1339家）

2008年　　　　　　　　　　　　　（1242家）

2007年　　　　　　　　　　　　　（1135家）

2006年　　　　　　　　　　　　　（997家）

2005年　　　　　　　　　　　　　（860家）

教改休兵，不要鬧了！

高雄市補習班最近十年成長統計圖表

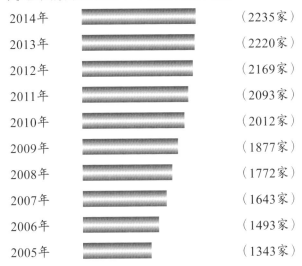

年份	家數
2014年	（2235家）
2013年	（2220家）
2012年	（2169家）
2011年	（2093家）
2010年	（2012家）
2009年	（1877家）
2008年	（1772家）
2007年	（1643家）
2006年	（1493家）
2005年	（1343家）

屏東縣補習班最近十年成長統計圖表

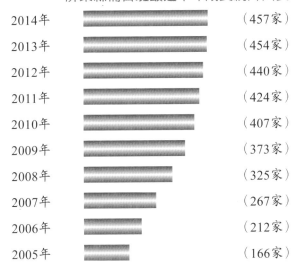

年份	家數
2014年	（457家）
2013年	（454家）
2012年	（440家）
2011年	（424家）
2010年	（407家）
2009年	（373家）
2008年	（325家）
2007年	（267家）
2006年	（212家）
2005年	（166家）

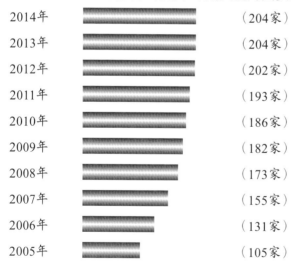

臺東縣補習班最近十年成長統計圖表

年份	家數
2014年	（113家）
2013年	（106家）
2012年	（91家）
2011年	（84家）
2010年	（80家）
2009年	（75家）
2008年	（72家）
2007年	（65家）
2006年	（56家）
2005年	（49家）

花蓮縣補習班最近十年成長統計圖表

年份	家數
2014年	（204家）
2013年	（204家）
2012年	（202家）
2011年	（193家）
2010年	（186家）
2009年	（182家）
2008年	（173家）
2007年	（155家）
2006年	（131家）
2005年	（105家）

宜蘭縣補習班最近十年成長統計圖表

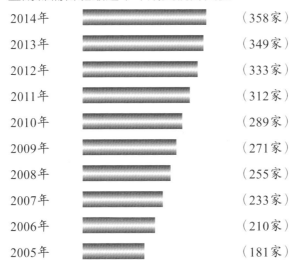

2014年	（358家）
2013年	（349家）
2012年	（333家）
2011年	（312家）
2010年	（289家）
2009年	（271家）
2008年	（255家）
2007年	（233家）
2006年	（210家）
2005年	（181家）

澎湖縣補習班最近十年成長統計圖表

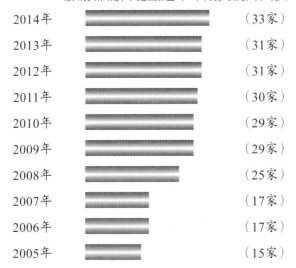

2014年	（33家）
2013年	（31家）
2012年	（31家）
2011年	（30家）
2010年	（29家）
2009年	（29家）
2008年	（25家）
2007年	（17家）
2006年	（17家）
2005年	（15家）

金門縣補習班最近十年成長統計圖表

年份	家數
2014年	（27家）
2013年	（27家）
2012年	（25家）
2011年	（25家）
2010年	（24家）
2009年	（24家）
2008年	（21家）
2007年	（16家）
2006年	（11家）
2005年	（10家）

教改休兵，不要鬧了！

第八章

十二年國教的基本觀念

政府最近推出的十二年國教，有許多令人感到困擾的問題，第一個就是有關名稱的問題。我們現在的國中和小學的教育都是國教，所以我們原來的初中，現在是國中。國教就是國民教育，所以一定會符合三個條件：(1)免試，(2)免學費，(3)強迫。

説明：十二年國教的法源，有「國民教育法」與「高級中等教育法」。依據國民教育法第二條：「凡六歲至十五歲之國民，應受國民教育；已逾齡未受國民教育之國民，應受國民補習教育。六歲至十五歲國民之強迫入學，另以法律定之。」第五條則規定「國民小學及國民中學學生免納學費。」高級中等教育法第二條：「九年國民教育及高級中等教育，合為十二年國民基本教育。九年國民教育，依國民教育法規定，採免試、免學費及強迫入學；高級中等教育，依本法規定，採免試入學為主，由學生依其性向、興趣及能力自願入學，並依一定條件採免學費方式辦理。」

先從免學費談起，十二年國教並不是免費的，也就是說，即使你唸公立高中職，可能也還是要付費的。逐年實施高中職（五專前三年）免學費。

由103學年度入學之新生，開始逐年實施就讀高職者免學費，就讀高中並符合所定補助基準者，亦免學費措施。而實施「十二年國民基本教育」之前入學的高二、高三學生，若符合

補助基準，仍得依既有補助方式享有學費減免（如下表）。

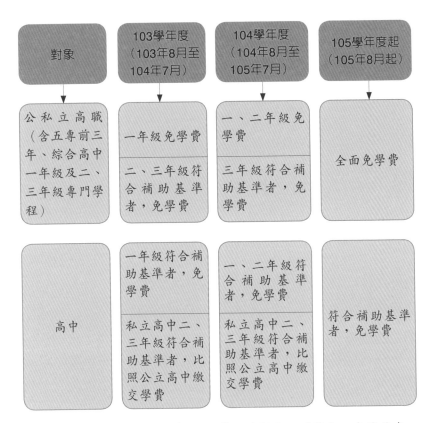

對象	103學年度 （103年8月至 104年7月）	104學年度 （104年8月至 105年7月）	105學年度起 （105年8月起）
公私立高職（含五專前三年、綜合高中一年級及二、三年級專門學程）	一年級免學費 二、三年級符合補助基準者，免學費	一、二年級免學費 三年級符合補助基準者，免學費	全面免學費
高中	一年級符合補助基準者，免學費 私立高中二、三年級符合補助基準者，比照公立高中繳交學費	一、二年級符合補助基準者，免學費 私立高中二、三年級符合補助基準者，比照公立高中繳交學費	符合補助基準者，免學費

註：依據高級中等教育法第2條及第56條規定，「符合一定條件者，免納學費」。有關免納學費之補助基準，已依高級中等教育法之授權納入相關辦法予以明定，高職免學費，高中排富，門檻為148萬。

至於強迫，也不是。我從前一直以為既然叫十二年國教，就是要強迫學生唸完國中之後繼續升學。雖然依照勞基法，滿十六歲就可以工作（滿十五歲未滿十六歲是童工，有其他規範）。但國中以後就停止升學的，往往是弱勢的孩子，這些孩子可以選擇的工作有限，往往會感到沒有前途。有的時候我們看到所謂的飆車族，這些飆車族絕大多數都是中輟生。他們也比較會有反社會的情結，僅僅飆車還算好，有的飆車族車上還帶有西瓜刀，常常惹事生非。

　　沒有想到的是，十二年國教絕不強迫，也就是說，學生讀完國中以後就可以輟學了。在一次的座談會上，與談人幾乎都一面倒地贊成應該強迫學生完成十二年教育，否則怎麼叫做十二年國教。與談人中有一位是政府官員，他說現在有些小孩是在家自學，所以不能強迫孩子接受教育。在家自學是要當地的教育單位同意的，而且學校各種的考試，孩子都必須要參加。如果因為有孩子選擇在家自學，就不能實施強迫教育，我就要問，我們現在的國中教育以及小學教育也都不能是強迫教育了。其實國中也好，小學也好，都是強迫的。有孩子不上學，學校會派人去看，老師會將孩子帶到學校上課。所以我是完全不懂為什麼不能使十二年國教成為強迫的教育？

　　至於免試，這更有趣了。十二年國教有所謂的免試升學，我當然覺得這是不容易辦到的事，所以我也就大聲地表示質

疑。政府的回答是，他們可以保證不會有問題，叫我耐心地等他們宣布要怎麼做。後來我發現所謂免試根本不是免試，免的是原來的基本學力測驗，取而代之的是會考。所以，免試升學雖然是十二年國教的一個重要口號，其實是完全不通的。這有點像是政府對某一項貨物免稅，也的確免掉了某一個稅，卻以另外一個稅來取代，試問，這如何叫做免稅？

十二年國教的基本觀念叫做適性揚才，意思就是現在的教育制度既未能適性，又不能揚才。令我感到困擾的是，我們國家有高中也有高職，很多高職的門檻遠遠高於很多高中，這表示如果學生想學技術，是有學校去的。公立的高職很吸引人，私立高職一樣很吸引人，所以我不太懂為什麼要說我們的教育制度不能使孩子們做適性的選擇？

更使我搞不清的是，為什麼說十二年國教就可以使學生適性揚才，這完全使我百思不得其解。因為十二年國教實施以後，我猜想要進入非常熱門的高職，仍然不容易。這本來就是一個很正常的現象，十二年國教一點都沒有改變這種現象。

十二年國教還有一個口號叫做遍地開花，意思是說我們的孩子們實在不該成天想進幾個有名的高中，像臺北的建中、北一女，臺中一中以及臺南一中等等。十二年國教希望大家都能就近入學，使得每個中學都有好的學生，我知道有很多人一直以為以後的公立高中就和現在的公立國中一樣，是學區制的，

在哪一個地區就進到哪一個地區的高中。這當然是絕對不可能的事情，因為這是非常不公平的，這意思是說，如果能住在一女中附近，就可以唸一女中。如果是住在南投縣信義鄉的小孩，就只能進埔里的暨大附中，或者是水里高中，絕對不能想進入臺中一中。因為這種想法不可行，所以我們的十二年國教完全沒有所謂的就近入學辦法，也因此談不上什麼遍地開花。

更奇怪的是，在十二年國教之前，國中生可以經由推薦甄試、申請入學進入高中，如果孩子在學校的成績不錯，名列前茅，就可以申請進入高中。當然有些同學知道如果經由考試的話，他不可能進入明星學校，如果申請入學也無法進入這些學校。可是如果是申請自家附近的高中，因為門檻不那麼高，大概被接受的機會很大，所以有些學生為了免除參加基測的恐懼，就申請當地的學校就讀。所以，在我看來，在十二年國教以前，是有遍地開花的現象，因為有很多同學覺得自己有把握的，大概就是自家附近的學校，所以他就申請了。十二年國教一再強調絕不採計學校成績，所以這條路就斷掉了。原來很多國中學生可以就近入學的，現在反而不可以了。在我看來，十二年國教使得遍地開花不可能，實在不可思議。

我們現在再來看所謂遍地開花的意義，遍地開花並沒有能夠將所有的高中生程度都拉起來，因為十二年國教並不強調如何拉拔我們的弱勢孩子。但是遍地開花的意義是希望一些程度

非常好的學生不再成天想進明星高中，而轉爲進入社區高中就讀。如此一來，每一個社區高中就會有一些原來沒有的聰明孩子。

問題是：一所高中幾千位學生之間，有極少數是聰明學生，就算是好的學校嗎？十二年國教其實又落於菁英的思想框架之中，也就是說，他們其實還是很重視那些菁英分子何去何從。眞正的遍地開花並不是每所學校都有一、兩位明星學生，而是所有學校的所有學生，程度都不太差。

十二年國教隱隱約約有一個中心思想，那就是要打倒明星高中。問題在於明星高中是否有存在的必要？我承認，就以小學來講，我們不該過份地強調聰明孩子與不聰明孩子的差距。可是到了高中，我們必須接受一個事實，那就是有些孩子是很會唸書的，老師教什麼內容，他都能很快學會；而不聰明的孩子，會學得比較慢，而且也不太可能學會非常難的內容。到目前爲止，明星高中所招收的學生都有一個共同特色，那就是他們比較會唸書，學得比較快，也比較可以學很難的科目。這並不表示他們將來一定會有很大的成就，可是他們多多少少比較可以承擔很困難的任務。舉例來說，他們比較有可能在科學上從事研究工作。我們要知道，很多科學研究需要很艱深的學問，一般天資的人是不可能搞得懂那些艱深學問的。因此，明星高中絕對有其存在的需要，因爲我們國家愈來愈要走向以研

究為主軸的工業。

　　舉例來說，就以我們的半導體工業來講，半導體製程已經進入奈米級，一進入奈米級，線與線的距離就非常小，一旦線的距離非常之小，線與線之間就有相互的電容和電感，而這些電容、電感對我們是有影響的。可是，我們又應該知道電容、電感的問題是要精通電磁學才能解決的。電磁學是相當難的學問，牽涉到很麻煩的數學和物理，所以我們絕對需要一種人才是能應付這種挑戰的。

　　還有一個問題，那就是我們的訊號頻率會愈來愈高，就以電晶體而言，頻率低的時候，電晶體內雖然有電容，但它是無作用的，隨著頻率的加大，電容就有很顯著的作用，我們的線路設計就變得相當複雜。

　　更不要談非常精密的儀器設備了，我們國家不能永遠是一個應用儀器設備的國家，而應該是一個能夠自行設計儀器設備的國家。當然我們希望我們的儀器設備是非常精密的，要做到精密，必須要有非常好的物理、化學和數學等等的知識。很多現代的精密儀器都需要光學，光學就是一個不容易懂的學問，尤其在波長非常小的時候，光學就更加深奧了。我們國家總要有人是能夠懂得這些非常深奧學問的，如果我們國家沒有人懂，就永遠無法製造精密設備，我們的製造業就會永遠依賴別人，這才是我們最要擔心的事。

當然，政府知道明星高中不能被打倒，可是又不甘心對明星高中碰也不碰，因此就設法使得明星高中也要接受一批程度不見得是很好的學生。這種做法看上去好像是幫助了一些孩子，他們本來不見得可以進明星高中的，現在可以進了，可是進了明星高中以後，這些孩子就會很快樂嗎？這使我想起我們為了要幫助體育不好的孩子，就強迫校隊收一些球打不好的同學，假如是籃球隊的話，我們可以想像得到，這位球技不佳的同學一定很少拿到球，只好變成跑龍套了。這還不算嚴重，如果一位學生在一所學校裡，功課永遠落後於其他同學，這才是最嚴重的事。他會感到非常沮喪，而這種沮喪會毀了他的一生。

　　政府其實從來沒有官方承認所謂明星高中這個名詞，政府將這些大家想進的學校列為有特色的學校，因為它們有特色，所以它們可以舉辦特色招生。我現在就要來和大家談談特色到底是什麼。我們要知道，高中也好，高職也好，其實是打基礎的學校，而不是研究高深學問的地方。一個人高中畢業就可以說自己的國文、英文、數學、歷史、地理、物理、化學都好得不得了嗎？當然不可能，究竟建中有什麼特色呢？是不是因為它的實驗室特別地精彩？是不是對於歷史地理有非常不同的教法？是不是在中國文學和西洋文學上有大師級的老師授課？我們只好說這些可能都沒有，建中唯一的特色就是學生好，因此

老師可以錦上添花，可以很輕鬆地教比較難的內容。我最近碰到一位建中學生，他說他們的英文課除了一般性的教科書以外，還有課外讀物，而那個課外讀物也是相當不容易讀的。為什麼建中的老師可以教這樣子的英文？理由非常簡單，他們的學生程度都非常高，所以他們可以學這種難的英文。可想而知的是，建中的學生也可以學比較難的數學等等，而社區高中職學校的學生是不太可能接受這一種教育的。

　　也許我們可以說，有些高職是比較有特色的，它們也許會強調動手做等等，其他的高中硬要強迫它們說自己有特色，在我看來完全是在製造混亂。因為十二年國教有了會考，但又要照顧我們的明星學校，只好聲稱只有有特色的學校可以辦特色招生。可是大家立刻會發現特色學校全部都是當年孩子最想進的學校，我實在認為政府的做法有一點不誠實，而且把事情搞得相當複雜，一個學生可能會參加兩個考試，第一次會考和特色招生。

　　以下是政府所講的十二年國教的基本理念，立基於九年國民教育，並以五大理念推動十二年國民基本教育：

理念

　　推動十二年國民基本教育，是在九年國民教育的基礎上，採取五大理念。

1. 有教無類

　　高級中等教育階段是以全體十五歲以上的國民為對象，不分種族、性別、階級、社經條件、地區等，教育機會一律均等。

2. 因材施教

　　面對不同智能、性向及興趣的學生，設置不同性質與類型的學校，透過不同的課程與分組教學方式施教。

3. 適性揚才

　　透過適性輔導，引導學生瞭解自我的性向與興趣，以及社會職場和就業結構的基本型態。

4. 多元進路

　　發展學生的多元智能、性向及興趣，進而找到適合自己的進路，以便繼續升學或順利就業。

5. 優質銜接

　　高級中等教育一方面要與國民中學教育銜接，使其正常教學及五育均衡發展；另一方面也藉由高中職學校的均優質化，均衡城鄉教育資源，使全國都有優質的教育環境，使學生有能力繼續升學或進入職場就業，並能終身學習。

　　現在我們逐條地討論政府的五大理念：

1. 有教無類

　　高級中等教育階段是以全體十五歲以上的國民為對象，不分種族、性別、階級、社經條件、地區等，教育機會一律均等。

　　這一條實在有一點令人不解，因為這多多少少意味著我們過去的教育制度在種族、性別、階級、社經條件、地區上有不均等的現象。我認為我們的教育對於社經條件及地區是有不均等的現象，這從過去各種入學考試的成績上可以看得出來，臺北市大安區能夠進入臺大的學生好像40人中有1人，而花東地區好像200人中有1人。

　　（臺大經濟系駱明慶教授的研究，「誰是臺大學生？──性別、省籍與城鄉差異」。

駱明慶教授利用1954-2000年臺大學生的學籍資料，1997到2000年間，全國平均0.89%、臺北市平均3.06%、臺北市大安區6.10%的人口成爲臺大學生、臺東縣的比例是0.19。）

還有一點，在人口非常少的地方，根本沒有高中，比方說，新竹縣尖石鄉就沒有高中，這也不能怪任何人，在人口稀少的地方設立高中是有困難的。至於種族，我們必須承認原住民所受到的教育，大致來說比不上非原住民所受到的教育，這和種族沒有多大關係，教育界並沒有歧視其他種族之意，是因爲原住民居住地區較偏遠之故。此外，我們國家是沒有階級制度的，政府正式的文件如何會出現這一名詞，著實令人不解。

十二年國教實行以後，我們國家的教育機會就均等了嗎？到底均等的意義是什麼，我是不能瞭解的。如果說教育機會均等就是學生要進哪一所學校的機會是一樣的，這當然不可能，因爲十二年國教還是要考試，學生的程度如果不夠好，考試成績當然就不夠好，其結果乃是只有程度非常好的學生可以如願的進入他想進的學校。這種情形在全世界都差不多，也並不是每一個人都能進入哈佛大學。

至於現在社經地位好的學生會受到比較好的教育，十二年國教不可能改變這個現象。進入哪一個學校並不是最重要的事，學生程度的好壞才是最重要的。硬將一個不夠聰明的學生

和聰明的學生放在一起唸書，當然是害了他。十二年國教其實並沒有能夠將偏遠地區孩子的程度拉起來，因此也談不上什麼教育機會均等。

2. 因材施教

面對不同智能、性向及興趣的學生，設置不同性質與類型的學校，透過不同的課程與分組教學方式施教。

這是最令我無法瞭解的事，因為十二年國教一再暗示要打倒明星學校，也就是說，十二年國教有混材教育的想法，政府又提倡差異性教學，也就是說，聰明學生和不聰明學生要放在一起教，誰都知道這是很困難的事，而且也絕對違反了因材施教的基本觀念。如果要因材施教，聰明的學生就在一所學校唸書，不夠聰明的孩子在另一所學校唸書，只要老師對不聰明的孩子仍然非常用心地教，他們會受到更好的照顧，也會得到好的結果。我搞不清楚十二年國教為什麼是因材施教。

政府說，面對不同智能、性向及興趣的學生，設置不同性質與類型的學校，這又使我大惑不解，因為在實施十二年國教以前，我們國家就有社區高中、完全中學、高職以及一般性高中的設立。就以高職來說，有別於高中，學生在這裡可以學到不少的技能。對有些不太喜歡讀理論的同學而言，高職是非常好的選擇。所以我們實在要問，目前的制度難道沒有做到這一

點嗎？我認為我們早就做到了。

　　我有一個學生，他的基測成績絕對可以進入國立高中，而且是相當不錯的國立高中，可是他就是選擇高工就讀。他讀的是機械科，對於各種工具機的操作都極有興趣，我們國家目前的教育制度扼殺了這個同學了嗎？顯然沒有，所以我就不懂為什麼我們的教育當局還要大張旗鼓地鬧出一個新的教育制度來？

3. 適性揚才

　　透過適性輔導，引導學生瞭解自我的性向與興趣，以及社會職場和就業結構的基本型態。

　　如果我們的教育能夠引導學生瞭解自我的性向與興趣，以及社會職場和就業結構的基本型態，那當然是一件好事。可是這和國教又有何關係？政府如果真要強調這一點，在現行的教育制度之下就可以做到。所有的學校都有輔導室，當然可以輔導學生有關於未來就業的問題。

4. 多元進路

　　發展學生的多元智能、性向及興趣，進而找到適合自己的進路，以便繼續升學或順利就業。

　　這一點又是很奇怪了，因為我也看不出來十二年國教和現

在的教育在這一方面有何不同。我們的高中還是教差不多的東西，我們的高職也是教差不多的內容，為什麼說在十二年國教的制度之下，學生就有多元智能、性向及興趣的發展？

5.優質銜接

高級中等教育一方面要與國民中學教育銜接，使其正常教學及五育均衡發展；另一方面也藉由高中職學校的均優質化，均衡城鄉教育資源，使全國都有優質的教育環境，使學生有能力繼續升學或進入職場就業，並能終身學習。

第五點乃是希望我們的教育不要再有城鄉差距，這當然是非常重要的，可是城鄉差距絕對不能靠入學制度的改變來弭平。這是一件相當複雜的事，而且在現行的制度之下就可以經由各種措施來逐漸消除這種現象。我完全不能瞭解為何經由十二年國教就可以均衡城鄉教育資源？均衡城鄉教育資源與十二年國教是沒有關係的。

政府又說十二年國教使得全國都有優質的教育環境，這又奇怪了，我們都知道現在很多的鄉下小學非常缺乏英文老師，試問，改善這個現象需要經過十二年國教的路徑嗎？十二年國教又如何能夠使小學英文教師的數目增加呢？很多小學生從小學畢業的時候，a, b, c都寫不全，我實在看不出來十二年國教施行以後，小學畢業生的a, b, c就會寫全了。

在下面，我要給各位看政府對十二年國教的目標。

推動十二年國民基本教育的目標，係以國家、社會及學生個人多元角度之觀照，訂定總體目標與啟動準備階段具體目標，分述如下：

（一）總體目標

1. 提升國民基本知能，培養現代公民素養。
2. 強化國民基本能力，以厚植國家經濟競爭力。
3. 促進教育機會均等，以實現社會公平與正義。
4. 充實高級中等學校資源，均衡區域與城鄉教育發展。
5. 落實中學生性向探索與生涯輔導，引導多元適性升學或就業。
6. 有效舒緩過度升學壓力，引導國中正常教學與五育均衡發展。
7. 強化國中學生學習成就評量機制，以確保國中學生基本素質。

（二）啟動準備階段具體目標（100年8月至103年7月）

1. 就學率達99%以上。
2. 免試入學率達75%以上。
3. 就近入學率達95%以上。
4. 全國優質高中職比率達80%以上。

5. 落實國中適性輔導及學習成就評量機制。

6. 普及宣導建立共識。

（三）全面實施階段具體目標（103年8月至109年7月）

1. 免試入學率達85%以上。

2. 就近入學率達98%以上。

3. 全國優質高中職比率達95%以上。

我們不妨看看十二年國教的總體目標，總體目標有七項之多，如果能夠達成，對國家當然是非常好的事。可是，令我不解的是，這些目標需要十二年國教來達成嗎？就以第一項為例，「提升國民基本知能，培養現代公民素養」，誰都知道所謂基本知能絕對建築在國文、英文、數學之上，要加強學生這一方面的能力，任何人都會贊成，這與十二年國教毫無關係。在現行的教育制度之下，教育部如能提出方案就能做到。我們也應該很坦白地說，這種目標一定是長遠的，沒有一個國家可以在短期內提高國民的基本知能。

我們再看第三項，「促進教育機會均等，以實現社會公平與正義」，實在讓人搞不清楚的是，教育機會均等是什麼意思？如果教育機會均等指的是入學機會均等，我在前面已經說過這是不可能的事。如果說同樣聰明才智的孩子，經過教育之

後都得到同樣的結果，這是非常好的事情，也是符合所謂社會正義的。就目前的狀況而言，我們必須很坦白地承認，很多鄉下孩子相當地聰明，一樣地進國民小學，可是最後的學業程度卻遠遠落後於城裡孩子的程度。這個問題也非常複雜，我完全看不出十二年國教為何可以解決此一問題。

我們看最後一個目標，「強化國中學生學習成就評量機制，以確保國中學生基本素質」，這個目標是非常好的，可是沒有十二年國教，政府也可以做，這與十二年國教毫無關係。在這裡，我必須要說一句話，國中生的基本素質與他在小學所學的有密切關係。政府不能說小學生管不了，只管國中生，這是完全不對的。我們談教育，必須從基本做起，也就是說，小孩子如果小學就沒有學好，到了國中絕對來不及。比方說，小學生英文沒有學好，國中的英文根本絕不可能學得會。

然後，我們要談一下十二年國教準備階段的具體目標以及全面實施階段的具體目標。

我們現在看兩件事，一是免試升學，政府說第一階段免試入學率達75%以上，第二階段免試入學率達85%以上。我對此只有長嘆一聲，因為十二年國教一再宣傳有免試，所謂免試無非就是不再考基測，但是要考會考以及特色招生的考試，這如何叫做免試？如果我們說免稅，就應該是免稅，不能說免掉了甲稅，卻課以乙稅。政府這一種說法是非常不對的，而且就是

在欺騙國民。的確有很多人贊成十二年國教，因為他們看到免試這個名詞，卻不瞭解十二年國教完全沒有免試。

另一件是有關於就近入學，這也是我完全不能接受的事，因為所謂就近入學乃是指大考區，學生只要在這一考區之內，任何學校都可以填入志願中。就以新竹考區為例，新竹和苗栗在同一考區之內；基北區包含臺北市、新北市、基隆市。這怎麼叫做就近入學？這也不能怪政府，因為就近入學本身就是做不到的事。比方說，新竹縣尖石鄉根本沒有高中，如何就近入學？南投縣的信義鄉也沒有高中，仁愛鄉只有高農，所謂就近入學率達95%以上，究竟有何意義？我認為毫無意義。

從這兩個目標來看，我實在感到難過，因為我認為政府在欺騙老百姓。至於優質高中職比率，這究竟是什麼意思，更加奇怪了。一所社區高中原本沒有學生可以考上臺大醫學系，現在有聰明的孩子來唸了，也考上了臺大醫學系，是否就表示這所高中是優質高中？我認為這毫無意義。所謂優質高中應該是指這所高中可以將程度最差的學生教好到某一個程度，我也看不出來十二年國教和這一件事情有什麼關係。

此外，還有一個具體目標是全國優質高中職比率達80%以上，這又是一個偉大的口號，但是什麼叫做優質呢？正確的優質，至少要能夠將最弱的小孩也能教好，但是政府始終沒有任何的方法來測驗我們的孩子有沒有學會最基本的知識。因為所

謂將所有的學生都教好，當然不可能要求過份，很多的孩子不可能學會非常艱難的課題，所以我們只能夠要求大家把最基本的東西學好。從十二年國教的辦法來看，我可以很有把握的說，他們沒有什麼好的方法來判斷我們的孩子學會了基本的學問沒有。

　　而且這一個目標中只提到高中職，這就很奇怪，因爲一個學生在高中的時候被發現程度非常之差，已經爲時已晚。好的教育制度絕對要從基本做起，也就是說，我們應該要使我們的學生在小學的時候就已經學得不錯。

　　接下來是落實國中適性輔導及學習成就評量機制，有的時候我們必須要小心，太早的適性輔導往往是錯誤的。比方說，一些弱勢的孩子，功課往往不太好，這和他的天資可能無關，而與他的學習環境有關。在英國一直有這種問題，很多弱勢家庭的孩子接受各種測驗的時候，都被認定是不太能夠學習的，最好去唸職業學校。其實這根本是一個錯誤，比方說，弱勢孩子的英文就比不上家境好的孩子，認識的字也比較少，也比較會犯文法上的錯誤。數學更加不能談了，如果他們在各種測驗上表現不佳，往往不是他們的天資有問題，而是他們的學習環境比較弱。

　　至於學習成就評量，我始終認爲學習成就應該是指最基本的能力，而不是能解艱難的問題。以數學爲例，如果一個孩

子不會解難的題目，但是卻能解基本的題目，我們應該給他鼓勵。我也看不出我們的十二年國教對這一方面有什麼辦法。

為了推行十二年國教，教育部大力推行「差異化教學」，還派出大批有學問的人四處給中小學老師上課，說以後你們的教學都應如此做，我當然非常好奇，就找了教育部發的講義來看。以下是一份投影片的前二頁：

第一頁

判斷教學內容之間的相對重要性

哪些內容對全體學生重要性高？哪些重要性較低？

規劃教學內容範圍

依目標優先順序進行教學

考量涵蓋範圍及順序

選擇適當的課程

適時調整教學進度，以擴大教學內容

第二頁

依目標優先順序進行教學

目標應指出教學成果，並可據以判斷教學成效制定確切目標，包括：

1. 目標內容
2. 評量學生表現的條件
3. 合格表現的標準

例如：學生能正確無誤地寫下引爆南北戰爭的五項導火線

　　我發現這份講義對於差異化教學沒有下一個明確的定義，更有趣的是，這兩頁所講的根本是老生常談，任何一個老師都會如此做的，如此做就是差異化教學嗎？照這份講義的內容看來，大多數老師都早已在差異化教學了。

　　教育部採用這份講義的唯一原因是作者是洋人。原來我們仍然對自己沒有信心，必須挾洋人以自重。更令我感到氣憤的是「五項導火線」，對於任何一個歷史事件，不同的歷史學家可能會有完全不同的想法，硬說「五項」，乃是硬教學生背下來，這種教學根本很奇怪，我們國家絕對不該強迫學生死記一些無意義的東西，真不知道為何教育部要向老師們灌輸這些觀念？

　　還有一份講義，就更有趣了。以下是講義中的一頁：

全體教師都應具備的能力

· 知道學生的差異性

· 能評量學生和診斷學生的錯誤和迷思

· 能在學科同級內的教材調整

· 能進行單純學科學習失敗的補救

　　如果全體老師都具備前面所提到的能力，我們的學生一定是全世界最厲害的學生。至少到目前為止，一大堆的學生寫英文句子時錯誤百出，我們都在拭目以待，看以後我們的學生是否全體都會正確無誤地使用現在完成式。我們可以說教育部官員在說大話。

　　但是，提出差異化教學是有好處的，因為將來如果我們發現仍有很多孩子沒有學會最基本的學問，教育部官員可以說這完全是老師們的錯，他們沒有實行差異化教學。

第九章

免試升學

十二年國教的確有一個叫做免試升學的辦法，這恐怕是整個十二年國教最奇怪的一件事，我發現教育部所說的有關免試升學如下：

教育部國民及學前教育署出版了一本手冊，《教育部十二年國民基本教育─成就每一個孩子》，其中有二十九個方案，第二十七個方案就是免試升學，關於免試升學，它的解釋是在第十四頁。

為舒緩過度的升學競爭壓力，自103年8月起，將目前高中職五專多元入學管到整合為免試升學（指不用參加高中職或五專所辦入學測驗）及特色招生（分為甄選入學及考試分發）。

所以，我恍然大悟，原來所謂免試乃是免掉了一個過去的考試，這一本小冊子給我們的印象是，只有一種考試了，那就是特色招生。這一個小手冊最聰明的地方就是這一點，因為它一字不提免除了原來的考試辦法以後，又來了一個會考，這個會考的名稱叫做國中教育會考，教育部的意思顯然是國中教育會考不是考試。我相信這是任何一個人都不會瞭解的事，也是我非常不以為然的事。政府不可以欺騙人民，免試升學就應該是不要考試，現在明明規定所有的學生必須參加國中教育會考才能升學，這叫什麼免試？說實話，我認為這件事情簡直是荒唐。

會考仍然是政府辦的，全國統一，而且也是由政府來分

發。對於我們的孩子們而言，如何說這不是考試？在那本小手冊中的第十四頁，開宗明義就說要舒緩過度的競爭壓力，可是教育部又明白地宣示會考要比過去被廢止的基本學力測驗要難，而且也要考英文聽力，令人困惑的是，這種做法如何能舒緩升學的競爭壓力？

很多人以為十二年國教實施以後，學生完全就是就近入學了，所以如果你住在一女中附近，你就唸一女中，其實不然，在這本手冊的第十五頁，將全國劃分成十五個就學區，這十五個就學區，在我看來，和過去也沒有任何的不同。過去早就有這種觀念和制度，所以宣傳了半天的就近入學，在免試升學的制度之下，也就不見了。其實這本來就是不可能的事，比方說，偏遠地區根本沒有高中，頂多只有一間高職，如果規定一定要就近入學，偏遠地區的孩子就一定只能夠進高職了。教育部早該知道這件事情是做不到的。

我們不妨看一下下面的圖，就可以瞭解所謂免試升學是怎麼一回事了。

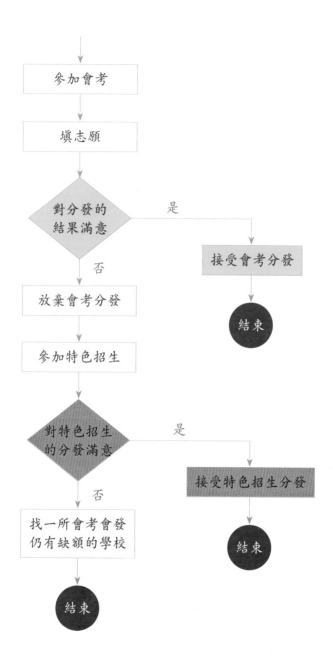

從以上的圖可以看出，我們的國中畢業生不僅沒有免試，還可能要參加兩次考試。必須注意的是，兩次考試都是統一考試，也統一分發。說實話，這和聯招又有何不同？教改最神氣的就是廢除聯招，現在卻舉行兩次聯招，到底這種改革有何意義？

會考

升學成績以100分計算，滿分當然是100分，其中會考的成績是30分，每一位學生必須考五科，國文、英文、數學、社會和自然，每一科只有三種可能的分數，6、4和2。考得非常好的學生可以拿到6分，考得最差的同學可以拿到2分，中間的學生就拿到4分。即使你什麼都不會，也至少有10分可拿。所以，全國學生會考成績的分數就分布在10分到30分之間。可以想見的是，每一個學區內，任何一個分數都會有大批的同學是同分的。完全靠這30分來分發是不可能的，必須靠其他的70分來完成分發，而這70分來自所謂的比序。

各個考區的比序項目是不盡相同的，以下是政府公布的全部資料：

表一　各免試就學區免試入學超額比序項目匯整表

比序項目 / 分項	學生志願序	就近入學	扶助弱勢	學生畢業（結）資格	均衡學習	適性輔導建議	多元學習表現 日常生活表現	健康體適能	服務學習	幹部	社團	競賽成績	資格檢定	國中教育
基北區	✓				✓		✓		✓					✓
桃園區	✓	✓		✓	✓	✓	✓	✓	✓	✓	✓	✓		✓
竹苗區	✓	✓		✓	✓	✓	✓	✓	✓			✓		✓
中投區	✓	✓	✓		✓	✓			✓		✓			✓
彰化區		✓	✓		✓	✓	✓	✓	✓			✓		✓
雲林區	✓	✓	✓		✓	✓	✓	✓				✓		✓
嘉義區	✓				✓	✓	✓	✓	✓			✓	✓	✓
臺南區	✓	✓			✓	✓	✓	✓	✓			✓		✓
高雄區	✓				✓	✓	✓	✓	✓			✓	✓	✓
屏東區	✓		✓	✓	✓	✓	✓	✓	✓			✓		✓
臺東區				✓	✓	✓	✓	✓	✓			✓		✓
花蓮區	✓				✓	✓	✓	✓	✓			✓		✓
宜蘭區		✓		✓	✓	✓	✓	✓	✓	✓	✓	✓		✓
金門區		✓		✓	✓	✓	✓	✓	✓			✓		✓
澎湖區	✓				✓	✓	✓	✓	✓			✓		✓

可以看出有些考區會考慮很多比序項目，也有些考區只考慮少數的比序項目。這使我感到困惑，因為當年教育部提出比序是因為他們認為這些項目是非常重要的，比方說，健康體適能、幹部、社團等等，可是基北區就不考慮這三項，這不是很奇怪嗎？

至於每一項的意義，請看下表二：

表二　超額比序項目

國中會考	大多占總積分的三成
志願序	如填甲校為第一志願，進甲校就可加分
就近入學	來自招生區內國中就有分
扶助弱勢	偏鄉、中低收入戶可加分
均衡學習	採計國中健康與體育、藝術人文、及綜合活動成績
品德表現	出缺席、獎懲
體適能	包括仰臥起坐、坐姿體前彎、立定跳遠、800/1600公尺跑走
服務學習	擔任志工、社區服務達一定時數，可加3到12分不等
幹部	擔任班級幹部、全校性幹部及社團幹部
競賽	包括科學展覽、學科能力競賽、科學實驗競賽等
社團（校隊）	參加學藝性、才藝性及體育性社團等
技職證照或資格檢定	英檢、技術士證照等

註：各縣市不見得全部採用。

如果我們參照以上的兩張表，我們會發現表一中有兩個項目：學生畢（結）業資格和國中教育，沒有出現在表二中。

每一個縣市對於每一個比序項目，都給予不同的比重，從表一中可以看出，有些項目根本不予理會。如果予以理會，分數也都不一樣。以下是基北區的超額比序項目積分對照表：

表三　基北區高中高職免試入學超額比序項目積分對照表

類別	項目	採計上限	積分換算			說明
志願序		上限30分	30～21分	20分	18分	①國中學校應給予學生適性輔導，學生參考國中學生生涯輔導紀錄手冊之生涯發展規畫書，選填志願。 ②選填高職或高級中學附設職業類科學校，同校不同類科，於相同志願選填時，積分相同；同校不同類科，於不同志願選填，則依該志願序積分採計。
			第1志願30分，第2志願29分，每一志願序差1分，第10志願21分。	第11至20志願	第21至30志願	
多元學習表現	均衡學習	上限18分	6分		0分	①健體、藝文、綜合三領域五學期平均成績及格者。 ②100年入學之國七學生，103學年度只採計八上、八下、九上三學期。
			符合1個領域		未符合	

類別	項目	採計上限	積分換算			說明
多元學習表現	服務學習	上限12分	4分			①由國中學校認證。②100年入學之國七學生，103學年度由國中五學期採計三學期*。
			每學期服務滿6小時以上			
國中教育會考		上限30分	6分	4分	2分	國文、數學、英語、社會、自然五科，每科得分最高6分。
			精熟級（A）	基礎級（B）	待加強級（C）	
總積分			90分			

*採計之五學期可爲「七上至九」或下，兩案擇一。

　　我們首先來看所謂的志願序，第一志願是30分，第二志願是29分，每一個志願序差1分。我們現在假設一個學生的第一志願是甲校，可是沒有被錄取，於是就看他的成績能不能進他的第二志願，可是他的第二志願分數已經降下來了，變成29分。因爲人數很多，會考成績相同的人也非常之多，所以他又可能沒被錄取上。這時我們就必須考慮他的第三志願，這對於考生而言，乃是一個最大的困擾，如果是聯招，你塡了甲校爲第一志願，乙校爲第二志願，甲校沒被錄取，考慮乙校的時候，根本不會因爲你將乙校塡入第二志願而予以懲罰，也就是說，一個學生成績不太好，可是他將建中塡爲第一志願，也沒

有任何的關係，只是浪費了志願而已，因為他根本不可能進建中的。將志願給分數，使得考生實在無從知道該如何填志願，如果他是成績好到了極點的人，第一志願填建中，大概是沒有問題的。可是誰有這種把握呢？一旦將一個你考不上的學校志願排在前面，你就要受到某一種程度的懲罰。也就是說，你必須在填志願的時候知道其他同學填志願的方式，如果非常多的人將甲校填第一志願，你如果成績不是太好，就不能將甲校填為第一志願，也許就該以丁校為第一志願。如果人人如此想，說不定丁校變成熱門的學校，你又吃虧了。而有一些同學根本就搞不清楚事情，成績不算最好，卻將甲校填了第一志願，事後發現誤打誤撞就可以進入甲校。這種填志願的方式有一點像賭馬，我們賭馬的時候，如果人人都投注於跑得最快的馬，雖然那天那匹馬的確是第一名，可是太多人投注於這匹馬，你贏得很少。如果你有內線，知道有一匹名不見經傳的馬，那一天會表現得非常好，別人都不知道，就你知道，你投注於牠，你就大贏了。所以，我們可以說，因為填志願的時候誰都沒有內線，而且誰都不曉得別人會怎麼填，大概只有保守一點填。這種做法事後會使很多家長和考生感到非常懊惱，但完全無可奈何。

　　基北區的第二個比序項目乃是均衡學習，如果我們看他的解釋，就不難發現絕大多數的孩子會拿滿分。以綜合領域為

例，這裡面有很多科目，五學期下來，平均成績大概都會及格的，平均成績不及格者一定是少數。問題在於，甲國中學生程度非常之高，平時考試就很難，所以同學能夠及格是不容易的。乙國中學生的程度落後得很厲害，但是他們的考題卻不難，因此平均下來也都及格了，所以我們可以說這一項比序比不出所以然來，絕對不可能經由這一項比序找到非常好的學生，只能經由這一項比序找到程度非常差的學生。

基北區第三個比序項目是所謂的服務學習，根據教育部的說明，服務學習就是擔任學校工作（交通隊等）、班級幹部、志工、社區服務，每學期服務滿六小時以上，三學期以後就得滿分了。會不會有同學不肯做志工或者不肯做社區服務？我想，恐怕沒有這種學生。而且這一種志工真的應該算是志工嗎？這絕對是被強迫而做的。我們的學生絕大多數都要替學校做一點打掃的工作，現在學校就將這些打掃的工作列為服務學習。至於社區服務，大多數的孩子會由學校安排，在學校附近掃掃地，這也就夠了。我知道有一個教授的孩子一直沒有地方讓他做社區服務，他靈機一動，替他的孩子安排了一個機會到他任教的大學圖書館來服務。這個圖書館當然配合，為了幾個小鬼來掃地，他們還派了一個工讀生來監督這些小孩。可是掃地的範圍有限，而且這個圖書館的清潔本來就是外包的，根本掃不出所以然來，這些孩子拿了掃把打打鬧鬧，隨便掃掃就無

事可做了。那位工讀生還要帶他們去一間閱覽室給他們看電影，或是強迫他們閱讀。可是他們的服務學習分數就拿到了。所以我們可以想見的是，大多數的學生這一項的分數也是得滿分的。

基北區的比序方式

以下是基北區的比序方式：

（一）第一順次：由志願序積分、多元學習表現（含均衡學習、服務學習）積分與國中教育會考之換算積分進行加總，並依學生之總積分進行比序。

（二）第二順次：第一順次比序同分，則依多元學習表現（含均衡學習、服務學習）積分，進行比序。

（三）第三順次：第二順次比序同分，則依國中教育會考之換算積分進行比序，依序為會考積分加總、國文科積分、數學科積分、英語科積分、社會科積分、自然科積分、寫作測驗級分。

（四）第四順次：第三順次比序同分，則依志願序積分進行比序。

（五）第五順次：第四順次比序同分，則進行國中教育會考成績三等級加標示加總比序，依次按最高標示（A++、A+、B++、B+）之科目數多寡擇優錄取，比序順次如

下：

1. 同為會考精熟級

   依次比序「五科A++」＞「四科A++一科A+」＞「三科A++二科A+」＞「三科A++一科A+」＞「三科A++」＞「二科A++三科A+」＞「二科A++二科A+」＞「二科A++一科A+」＞「二科A++」＞「一科A++四科A+」＞「一科A++三科A+」＞「一科A++二科A+」＞「一科A++一科A+」＞「一科A++」＞「一科A+」。

2. 同為會考基礎級

   依次比序「五科B++」＞「四科B++一科B+」＞「三科B++二科B+」＞「三科B++一科B+」＞「三科B++」＞「二科B++三科B+」＞「二科B++二科B+」＞「二科B++一科B+」＞「二科B++」＞「一科B++四科B+」＞「一科B++三科B+」＞「一科B++二科B+」＞「一科B++一科B+」＞「一科B++」＞「一科B+」。

3. 若部分科目為精熟級與部分科目為基礎級

   依前開比序順次進行比序，且A++＞A+＞B++＞B+。
   舉例：「三科A+二科B++」＞「三科A+一科B++一科B+」。

（六）第六順次：第五順次加總比序相同時，進行國中教育會考單科成績標示比序（A++＞A+＞A＞B++＞B+＞B＞

教改休兵，不要鬧了！

C），依序爲國文科成績標示、數學科成績標示、英語科成績標示、社會科成績標示、自然科成績標示。

（七）如經第六順次比序後仍相同時，不予抽籤，並依下列方式增額錄取：

1. 有辦理特色招生考試分發入學或單獨招生之學校，其超額部分由特色招生考試分發入學或單獨招生核定名額5%以內移列調整；調整後仍超額者，報各該主管教育行政機關核准，增加名額或爲其他適當之處理。

2. 未辦理特色招生考試分發入學之學校，報各該主管教育行政機關核准，增加名額或爲其他適當之處理。

　　大家看了以後必定會頭昏眼花，要解釋的是，精熟拿A，但A又分成三等級，A++、A+和A，B也是如此。所以，你如果是基北區的學生，每一科就被分爲七等級，和過去的九品中正差不了太多。

　　如果一個人仔細看比序的辦法，就會發現你的分發取決於兩個項目，第一是志願序，第二則是會考的成績。所謂志願序沒有填錯，是你將第一志願填了一所非常好的學校，可是卻沒有人要將這一個學校填爲前面的志願，你就贏了。但你如何能夠知道這所學校雖然非常好，卻又沒有人填？這我就無法幫你的忙了。除了志願序以外，可以看出重要的仍然是會考的成

績，會考成績好的同學一定沒有問題。當初十二年國教一再強調不要讓一大堆的同學拚命地唸書，而提出免試的口號，現在不僅要考試，而且考試的分數還非常重要，實在不知道鬧了半天又走回原處，為什麼要搞出這麼多的花樣呢？

政府本來不肯在會考結束以後公布各考區各科成績的人數，比方說，基北區國文科得到A++的人有多少。為什麼不肯公布呢？理由是政府希望學生們不要對要進哪一個學校看得太重，也就是說，政府希望孩子們就選附近的學校就讀。這有一點像政府希望女士們不要選哪一所美容院，而只要選最近的美容院就可以了。政府的這種想法實在夠奇怪，所以等到會考一結束，各縣市紛紛要求教育部公布分區組距，其結果是一國兩制，基北區可以公布更仔細的級距。

縣市政府之所以提出這個要求是因為志願序的問題，有了這些資料，家長們可以幫助學生填志願，否則填錯了志願，其結果是不堪設想。即使如此，我相信很多家長仍然對於這種做法很不服氣，因為聯招時代，填志願只要照你心裡的志願填就好了。

桃竹苗區的比序方式

以下是竹苗區的比序項目積分表：

表四　竹苗區免試入學超額比序項目積分表

比序項目	分項目	積分換算			採計上限	備註
均衡發展（30分）	扶助弱勢	符合5分		不符0分	本項總分35分	弱勢界定：偏遠鄉鎮國中學生（註1）、經濟弱勢（中低、低收入戶）學生，符合其中一項者即給分。
	就近入學	符合5分		不符0分		就近入學界定：凡竹苗區（含共同就學區及變更就學區）學生皆採計5分，其他就學區學生0分。
	志願序	1.第1～3志願10分 2.第4～6志願7分 3.第7～9志願4分 4.第10～12志願1分 5.第13志願後不計分			採計上限30分	學生參考國中學生生涯輔導紀錄手冊之生涯發展規劃書，選填志願。
	均衡學習	以健體、藝文及綜合三項領域採計之各學期加總平均成績達60分以上者換算，3領域皆符合為15分	以健體、藝文及綜合三項領域採計之各學期加總平均成績達60分以上者換算，2領域符合為10分	以健體、藝文及綜合三項領域採計之各學期加總平均成績達60分以上者換算，僅1領域符合為5分		本項103學年度僅採計國二上、下學期及國三上學期。104學年度起採計國一上、下學期，國二上、下學期及國三上學期五學期。

比序項目	分項目	積分換算	採計上限	備註
多元學習表現（40分）	日常生活表現評量	功過相抵後、銷過後無懲罰紀錄10分。	本項總分52分 採計上限40分	日常生活表現評量項目103學年度僅採計國二上、下學期及國三上、下學期四學期。104學年度起採計國一上、下學期，國二上、下學期及國三上、下學期六學期。國三下採計至當年5月31日止。
		學生出缺席情形，該學期無曠課記錄給2分，最多採計12分。		
		獎勵：大功每次4.5分、小功每次1.5分、嘉獎每次0.5分，最多採計20分。		
	服務學習	參加校內服務、校外服務等，每一學期每服務滿3小時得1分，每學期最多採計2分，5學期最多採計10分。		1.服務學習類型及認證程序依教育部十二年國民基本教育免試入學超額比序─「多元學習表現採計原則辦理。 2.服務學習項目103學年度僅採計國二上、下學期及國三上學期三學期。104學年度起採計國一上、下學期，國二上、下學期及國三上學期五學期。

比序項目	分項目	積分換算			採計上限	備註
教育會考（30分）	國中教育會考成績	精熟每科6分	基礎每科4分	待加強每科2分	30分	單科上限6分，五科（國文、數學、英語、社會、自然）上限30分。（註2）

註1：偏遠鄉鎮國中定義爲教育部核定之偏遠地區國民中學。扶助弱勢之分數認定爲學生需於國二第2學期前轉入本區之偏遠鄉鎮國中就讀。本區之偏遠鄉鎮國中如下：

1.新竹市—內湖國中。

2.新竹縣—五峰國中、尖石國中、峨眉國中、精華國中、華山國中、照門國中、鳳岡國中、寶山國中、寶山國中莒光分部、石光國中、富光國中、北埔國中、橫山國中、員東國中。

3.苗栗縣—三灣國中、南庄國中、大湖國中、南湖國中、泰安國中、獅潭國中、西湖國中、南和國中、鳥眉國中、啓新國中、福興武術國中、造橋國中、大西國中、文林國中文隆分部、文英國中。

註2：國中教育會考成績標示比序方式：先比A的加號總數（總數愈多者優先錄取），若仍相同，再比B的加號總數（總數愈多者優先錄取）。

註3：102學年度前之畢業生，其服務學習可於免試入學當年度5月31日前辦理完畢者，不受學期上限之限制，屆時由免試入學委員會成立審查小組專案審查之。

（一）當參加免試入學學生之登記人數，未超過主管機關核定學校之招生名額，全額錄取。

（二）當各招生學校報名人數超過招生名額時，依「超額比序項目積分表」分階段比序，比序項目包括均衡發展、多元學習表現、國中教育會考等。

（三）比序順序

1. 第一順序：由均衡發展、多元學習表現、國中教育會考成績積分進行加總，依學生之總積分進行比序。

2. 第二順序：第一順序比序同分，則依均衡發展積分進行比序，依序以本項總積分、扶助弱勢、志願序進行比序。

3. 第三順序：第二順序比序同分，則依多元學習表現總積分，進行比序。

4. 第四順序：第三順序比序同分，則依國中教育會考成績積分進行比序，依序為會考換算積分之總分、國文、數學、英語、社會、自然、寫作測驗等科目。

5. 第五順序：第四順序比序同分，則依國中教育會考成績標示加總比序，最後比序仍超額時，不予抽籤，並依下列方式辦理：

   (1)辦理特色招生考試分發入學之學校，其免試入學超額部分，由特色招生考試分發入學核定名額5%以內

調整因應，調整後仍超額者，增加名額或為其他適
當之處理。

(2)未辦理特色招生考試分發入學之學校，增加名額或
為其他適當之處理。

相較於基北區，竹苗區又多了三個比序項目：扶助弱勢、
就近入學和日常生活表現。

首先談扶助弱勢，我當初以為扶助弱勢是指以行動來扶
助弱勢，後來才發現這一個項目是政府要扶助弱勢。我實在覺
得這個項目的文字有問題，應該是說凡是弱勢的學生就可以加
分。

下面一個項目是就近入學，凡是竹苗區的學生就採計5
分，其他就學區的學生採計零分。這個項目等於沒設，因為我
實在看不出來有其他就學區的學生會來就讀，看來每一個竹苗
區的學生都會拿到這個分數。

至於日常生活表現，竹苗區的辦法是功過相抵後，銷過後
無懲罰紀錄10分，學生該學期無曠課紀錄給2分，最多採計12
分。大功每次4.5分，小功每次1.5分，嘉獎每次0.5分，最多採
計20分。據我所知，各個學校現在都不太願意記過，也不願意
記功，很多被記過的學生在學期結束的時候就會被銷過，因為
記過會影響他的升學，記功又會引起爭議。過去記功是很容易

的事，替學校寫壁報可以記功，可是寫壁報是功課好的孩子才會做的事。一個孩子因為日常生活表現非常好而因此能夠進入非常好的學校，這有意義嗎？

　　竹苗區當然又有一個服務學習，恐怕這個項目也是大家都可以滿分的，因為沒有什麼同學不願意做志工。我們國家是個偉大的國家，國中生就可以做志工，而且人人如此。我們可以做一結論，那就是竹苗區和基北區的情況其實差不多，最後決定性的因素仍然在會考和志願序。

臺南區比序方式

　　講完了竹苗區，我們來看一下臺南區的情況，以下是臺南區的比序辦法：

一、法規依據

（一）臺南市政府教育局102年9月27日南市教課（一）字第1020837212號函修訂發布之「臺南區高中高職免試入學作業要點」。

（二）臺南市政府教育局102年11月12日南市教課（一）字第1020985817號函修訂發布之「臺南區十二年國民基本教育免試入學超額比序『多元學習表現』採計原則」。

二、積分採計

（一）臺南區免試入學超額比序項目積分對照表總積分為100

分，包含志願序積分（最高7分）、生涯發展規劃建議積分（最高6分）、多元學習表現積分（最高50分）、均衡學習積分（最高2分）、就近入學積分（最高10分），以及國中教育會考積分（最高25分）。

（二）志願序積分，第一志願學校7分、第二志願學校4分、第三志願學校3分、第四志願學校2分、第五志願學校1分。至多選填五志願學校，同一志願學校如有多科別，選填時視為同一志願序，其志願序積分相同。同一學校第二次選填，視為第二所志願學校。

（三）多元學習表現積分，包含競賽成績（上限20分）、獎勵紀錄（上限8分）、幹部任期（上限8分）、社團參與（上限8分）、服務學習（上限8分）、體適能（上限8分）、技職證照或資格檢定（上限2分）。

（四）多元學習表現之獎勵紀錄、幹部任期、社團參與、服務學習各項總成績換成校內五級分計算，第五級8分、第四級6.4分、第三級4.8分、第二級3.2分、第一級1.6分，每等級之人數比例以占20%為原則，若同分致人數超過20%時，則增加該一等級人數，並減少次一等級人數。

（五）多元學習表現積分採計七上、七下、八上、八下、九上五學期，採計期間自七上開學日起，至九下開學前一日止。其中競賽成績、獎勵紀錄、幹部任期、社團參

與、服務學習等項之積分，不得因同一事由重複採計加分。

（六）技職證照或資格檢定項目，以行政院勞工委員會核發之技術士證照爲採計依準（不含語言證照），具備相關證照者計2分，無具備相關證照者不予計分，高職、進修學校始得採用。

（七）就近入學積分依據「臺南區103學年度十二年國民基本教育就近入學項目說明」計算，選填無劃分就近入學區之高級中等學校者，就近入學積分均爲10分。採變更免試就學區至本區就讀之學生，其就近入學分數，比照本區學生，有10分與0分之差異。其就近入學區之認定，以其轉入戶籍所在地之行政區爲主。

（八）參與103年國中教育會考，倘違反試場規則處理方式第一、二類者（嚴重舞弊行爲、一般舞弊或嚴重違規行爲），分別以取消考試資格及不予計列等級方式處理，於超額比序國中教育會考積分逕以零分計算。倘違反試場規則處理方式第三類者（一般違規行爲），則以違規記點方式處理，記違規1點者扣該科國中教育會考積分0.25分；記違規2點者扣該科國中教育會考積分0.5分。

（九）原住民學生、身心障礙學生、蒙藏學生、政府派赴國外

工作人員子女、境外優秀科學技術人才子女、僑生及退伍軍人等法律授權訂定升學優待辦法之特殊身分學生，依相關特殊身分學生升學優待辦法辦理。

（十）非應屆國中畢業生得向本會提出申請參加免試入學，參加當年度國中教育會考，並採計其國中就學期間之成績或紀錄，採計分數由本會審查小組審查認定之。

（十一）轉學生參加本區免試入學，其比序項目，由新轉入學校就其轉出國中原有之學習表現或紀錄，本從優從寬原則加以認定。

（十二）學習時數不完整及經鑑定為資賦優異縮短修業年限之學生，其多元學習表現採計實際就讀學期之成績，並依其就讀學期採比例加權計算。

（十三）非學校型態實驗教育學生多元學習表現成績之採計依照「臺南區十二年國民基本教育免試入學超額比序『多元學習表現』採計原則」辦理。

（十四）具同等學力資格者，就讀海外設立之臺灣學校（含大陸臺商子女學校）國中部學生，及變更免試就學區學生，採計其國中（或相當）就學期間之成績或紀錄，採計分數由本會審查小組審查認定之。

三、比序方式

（一）第一階段免試作業，當登記人數超過主管機關核定學校

之招生名額，各校應保障提供學生提出申請之國中，每校1名額。當各校報名人數超過招生名額時，依下列同分比序順序依序比較之：(1)總積分，(2)志願序，(3)生涯發展規劃建議，(4)國中教育會考總積分，(5)體適能，(6)均衡學習，(7)社團參與，(8)幹部任期，(9)獎勵紀錄，(10)服務學習，(11)競賽成績，(12)會考加註標示。

（二）第二階段免試作業依下列同分比序順序依序比較之：(1)總積分，(2)國中教育會考總積分，(3)體適能，(4)均衡學習，(5)社團參與，(6)幹部任期，(7)獎勵紀錄，(8)服務學習，(9)競賽成績，(10)會考加註標示。

（三）第一、二階段免試入學作業，當總積分相同，經濟弱勢學生（低收入戶子女）優先錄取，餘再依本區免試入學作業要點同分比序順序依序比較之。

（四）本區國中教育會考加註標示比序方式如次：
同為會考精熟級（1 > 2 > 3 >………> 15）：

1. 五科A++	6. 三科A++	11. 一科A++四科A+
2. 四科A++一科A+	7. 二科A++三科A+	12. 一科A++三科A+
3. 四科A++	8. 二科A++二科A+	13. 一科A+二科A+
4. 三科A++二科A+	9. 二科A++一科A+	14. 一科A++一科A+
5. 三科A++一科A+	10. 二科A++	15. 一科A++

教改休兵，不要鬧了！

同為會考基礎級（1＞2＞3＞………＞15）：

1. 五科B++　　　　6. 三科B++　　　11. 一科B++四科B+
2. 四科B++一科B+ 7. 二科B++三科B++ 12. 一科B++三科B+
3. 四科B++　　　　8. 二科A++二科B+ 13. 一科B++二科B+
4. 三科B++二科B+ 9. 二科B++一科B+ 14. 一科B++一科B+
5. 三科B++一科B+ 10. 二科B++　　　15. 一科B++

若為部分科目精熟級、部分科目基礎級：

1. 仍依前開比序順序進行比序。

2. A++＞A+＞A＞B++＞B+＞B＞C。

（五）經前述規定比序，仍超額時，不予抽籤，並依下列方式辦理：

1. 辦理特色招生考試分發入學或單獨招生之學校，其免試入學超額部分，由特色招生考試分發入學或單獨招生核定名額5%以內調整因應；調整後仍超額者，逕報各該主管機關核准，增加名額或為其他適當之處理。

2. 未辦理特色招生考試分發入學之學校，逕報各該主管機關核准，增加名額或為其他適當之處理。

四、其他

（一）各高中職保障提出申請之國中，每校保障1位名額，其

說明如下：

1. 所稱保障名額，係指同一所國中選填該高中職校為第一志願，其申請者中分數最高者。

2. 各高中職保障提出申請之國中，每校1名額，如遇同校保障名額同分時，仍應依本區超額比序同分比序順序依序比較之。

3. 當高中職核定招生名額小於所應保障之名額時，各保障名額依本區超額比序同分比序順序依序比較之，經比序仍超額時，超額之部分不列入保障名額，與其他學生共同參加第一階段免試入學分發。

4. 保障名額不包含共同就學區學生。

（二）第二階段免試入學超額比序項目不採計志願序及生涯發展規劃建議等兩項積分。

（三）本區非應屆畢業生、轉學生、學習時數不完整及經鑑定為資賦優異縮短修業年限學生、非學校型態實驗教育學生、就讀海外設立之臺灣學校（含大陸臺商子女學校）國中部設籍本市學生、變更免試就學區學生，其免試入學超額比序積分審查原則及其多元學習表現獎勵紀錄、幹部任期、社團參與、服務學習之級分計算方式，請參閱簡章第65頁至第81頁「附錄四103學年

度臺南區高級中等學校免試入學國中個別報名注意事項」。

　　我們從以上的辦法中看出臺南區的志願序積分最高只有7分，和基北區及竹苗區完全不同。他們的辦法是第一志願學校7分、第二志願學校4分、第三志願學校3分、第四志願學校2分、第五志願學校1分。可是最特別的是，他們規定學生至多選填五個志願學校。臺南區一共有48所學校，但是臺南的學生卻只能填5所，這是什麼典故，我是完全不懂。萬一學生連一所都上不成，不知道怎麼辦？大概就必須參加特色招生，可是特色招生通常又會比較難，所以我倒是很同情臺南區的考生。

　　臺南區重視生涯規劃，這是最奇怪的是一件事。我一開始不懂為何生涯規劃可以加分？後來我懂了，一個孩子在學校會有老師替他做性向測驗，告訴他該唸高中或高職，學生的父母也會告訴學生該唸高中或高職。如果這個學生聽從了學校或父母的建議，就可以拿到6分，如果學生兩個都不聽，那就得零分。這實在是奇怪到了極點，因為我們常常鼓勵孩子要有獨立思考的能力，可是現在卻強調學生至少要聽一個大人的話，這是怎麼回事，我完全不懂。

　　多元學習，其中包含競賽成績（上限20分）、獎勵紀錄（上限8分）、幹部任期（上限8分）、社團參與（上限8

分）、服務學習（上限8分）、體適能（上限8分）、技職證照或資格檢定（上限2分）。至於這些紀錄如何轉換成分數，又有以下的規定：

多元學習表現之獎勵紀錄、幹部任期、社團參與、服務學習各項總成績換成校內五級分計算，第五級8分、第四級6.4分、第三級4.8分、第二級3.2分、第一級1.6分，每等級之人數比例以占20%為原則，若同分致人數超過20%時，則增加該一等級人數，並減少次一等級人數。

　　說實話，我是搞不懂這是怎麼回事，不過對我來講，一個學生做了幹部、參加社團就該被加分，我覺得是毫無道理的。人各有志，很多科學家當年都是非常孤獨的人，如果他們生在臺南的話，大概找不到好學校唸。至於幹部，我也不懂，當幹部還有分數，不曉得學校如何決定學生擔任幹部的分數。如果我是臺南區的國中老師，我一定會很傷腦筋，大概要絞盡腦汁使得學生在這些幹部項目上的分數都差不多，否則極為不公平。後來我看懂了，全班同學都拿8分是可以的，因為同分導致人數超過20%時，則增加該一等級人數，並減少次一等級人數。其實這個項目的分數，大家又是一樣的。
　　可是，臺南區有一個競賽成績的加分，這個分數最高達20

分。我知道有同學得到全國演講比賽第一名，加分一定加得非常之多。我搞不清楚的是，這種學生將來唸書的時候，完全跟不上其他靠實力進來的學生，怎麼辦？

臺南區的會考成績只有25分，這也是特別少見的。為什麼如此，我也不懂。全國一共有十五個學區，看了三個學區的辦法已經讓我眼花撩亂，要搞懂十五個學區的辦法，那真是要花上很多時間。值得注意的是，這十五個學區的辦法全部不同，也就是說，各個學區所重視的項目是不一樣的。可是誰也不知道為什麼某一個學區對某一個比序項目給予青睞，而將另一個比序項目丟入垃圾箱。比方說，基北區根本完全不管學生是否擔任幹部或者參與社團，這是什麼典故，我也不知道。教育部當年說這些比序項目都是重要的，可是大多數學區都沒有全部採用，不知原因為何。

於是，我們可以做一結論，那就是絕大多數的同學能否進入他想進的學校，取決於兩個項目——志願序和會考。志願序的分數極可能使得高分低就，因為很多家長仍然希望子女能夠有一個學校進，就不敢冒險填大家心目中的好學校。其結果是，一大堆同學原來可以進非常前面的學校，卻將第一志願填到後面去。這種高分低就的現象，會嚴重地影響到弱勢孩子。如果是聯招的話，他可以進某一個學校，現在這個學校卻被那些高分的孩子給填滿了。還有一點，我們的志願序如何填，家

長們可能會花錢去找補習班的專家來商量，補習班也只能夠依照過去的想法，其結果當然一定會造成高分低就的，因為補習班也不敢冒險。這有一點像過年過節該選哪一條公路走，很多人都不敢選高速公路，因為擔心高速公路會塞車，紛紛選省道，結果是省道比高速公路還要塞。

可是最令人遺憾的是，一些弱勢的家庭根本搞不清楚這是怎麼一回事，這種家長一定非常之多，他們恐怕連志願序要算分數都沒辦法瞭解。十二年國教的免試升學，對他們絕對是不利的。

會考的成績分為三級——精熟、基礎和待加強，對於待加強，我是非常起反感的。可是如果一個學生在會考中，英文得到待加強，對他而言，一定是一個很大的打擊。我們可以想見的是，英文待加強的人數，在經濟落後的地區一定非常之多。我們能夠說這是孩子們的問題嗎？我們可以說這些在經濟落後地區的孩子們都是不用功的嗎？我可以大膽地預言，教育部一定不敢如此說，因為他們知道，孩子們學得太差，政府一定難辭其咎。在過去這麼多年來，政府從來沒有公布各地區基測平均分數，一旦公布，我們就會發現有些地區學生程度非常之高，有些地區學生程度非常之低，而且學生程度低的地區也是經濟落後的地區。這樣一來，等於自找麻煩，所以教育部抵死不公布。沒有想到的是，十二年國教有了志願序的問題，教育

部這下要公布了。

十五個學區的免試升學辦法不一，我們可以說是一國十五制矣。

會考結束以後，教育部公布了何謂A++等等的答對題數。以下的表格就是教育部所公布的：

	精熟			基礎			待加強
	A++	A+	A	B++	B+	B	C
國文	41〜48			19〜40			0〜18
	45〜48	43〜44	41〜42	33〜40	30〜34	19〜29	
英語	33〜40			13〜32			0〜12
	38〜40	36〜37	33〜35	27〜32	22〜26	13〜21	
數學	22〜27			10〜21			0〜9
	25〜27	24	22〜23	18〜21	15〜17	10〜14	
社會	53〜63			23〜52			0〜22
	60〜63	57〜59	53〜56	43〜52	35〜42	23〜34	
自然	46〜54			19〜45			0〜18
	52〜54	50〜51	46〜49	36〜45	28〜35	19〜27	

現在我們看，假如一個考生，他在國文答對了40題，他就是B，如果多答對一題，他就是A了。試想，他會不會很懊喪？以B來講，國文B中最好的同學，答對了40題，但最差的只答對19題，對於最好的同學而言，這樣做法公平嗎？

　　現在我們再看一個例子，假設一位同學的國文答對了18題，他就得到了C，C者，待加強也，對這位同學來講，這是很嚴重的打擊，可是如果他多對了一題，他就不是待加強了。

　　教育部一再聲稱同學不要分分計較，可是這可能嗎？在過去，每科分數的範圍是0～80，非常之寬，多一分，少一分，沒有那麼嚴重。現在，會考的分數範圍縮小到2～6，而且又將拿到2分的同學列為待加強，同學可以不分分計較嗎？在我看來，可能更加分分計較。

　　在下面的表中，我們可以看到各種等級中的人數：

103年國中教育會考各科能力等級加標示人數百分比統計表

	精熟			基礎			待加強	待加強
	A++	A+	A	B++	B+	B	C	答對題數
國文	16.43%			66.23%			17.34%	0-18
	5.56%	5.11%	5.76%	18.55%	15.81%	31.87%		
英語	16.96%			49.31%			33.73%	0-12
	4.26%	4.87%	7.83%	14.23%	10.76%	24.32%		
數學	16.47%			50.13%			33.40%	0-9
	6.39%	3.10%	6.98%	15.31%	12.06%	22.76%		
社會	16.47%			63.58%			19.95%	0-22
	4.26%	5.05%	7.16%	17.55%	15.97%	30.06%		
自然	14.37%			60.38%			25.25%	0-18
	4.29%	3.50%	6.58%	15.41%	16.46%	28.51%		

備註：

　　1.各科能力等級加標示人數百分比係以有效人數計算（即扣除缺考、重大違規及點字卷者）。各科有效人數分別為：國文267,405人、英語267,475人、數學266,719人、社會266,718人、自然267,457人。

　　2.所有相同答對題數皆為同一標示。

從以上的表可以看出，絕大多數的同學落在中間。即使是英文和數學，也是如此。因此，對於很多中段班的同學來說，他們很可能有一種想法，那就是我反正不會得到A，也不會得到C，我就馬馬虎虎唸，力求不要落入C。可是對於拿到C的同學來講，這是一個非常嚴重的大忌，因為他永遠記得政府將他列為待加強。

　　有多少同學拿到C呢？以英文和數學來講，全國都有33%的同學待加強。有一所國中，全體同學英文、數學待加強，其中有一位同學一直非常用功，而且一直保持全校第一名，但是也是待加強，其他同學紛紛說，還好我們沒有像他那麼用功，因為用功了也不過就是待加強。教育部一再宣稱十二年國教的一大目的是扶弱，他們的做法卻是打擊弱勢。弱勢孩子最需要的就是鼓勵，最不需要的是打擊。當年教育部決定會考中的題目要比基測難，我就一再地苦苦哀求不要這樣做，我說一定要有一些基本的題目，使得弱勢孩子不至於完全不會。可是我的苦苦哀求沒有人理，才弄出這種現象。

　　在會考之後的幾天，我就收到一封信，信的主旨只有三個字，「救命啊」，沒有內容，但附了一個英文會考的題目（見章末附件考題）。我看了這個題目以後，實在有一點迷迷糊糊，我覺得如果我當年國中才畢業，絕對不會做這個題目，所以我就將這個題目寄給六個人看，其中四位有博士學位，二位

有碩士學位。兩位是大學校長，一位博士學位來自英國劍橋大學，結果全部零分。其實只有二位作答，四位完全放棄。

這題目叫考生閱讀一張表，表上有十個前十名的城市，有一題問以下的句子是否為真，句子說，前五名的城市中，有一個是東部的，我完全看不出前五名的城市中，有哪一個是在東部。結果有人告訴我，如果我看第六名城市，就會發現一句話，「這是我們選拔中，來自東部的第二名。」由這句話我們可以推斷，前五名中，有一個城市一定也是來自東部的。這到底是考英文，還是考智力測驗？不論如何，弱勢孩子看到這種題目，絕對害怕的。

在過去的基測中，也有一些很長的文章，叫孩子唸了之後作答，可是其中必有幾篇文章是短的，而且非常容易回答，這次會考幾乎沒有這種簡單的題目，難怪有很多的孩子考得非常之差。

可是，我要在這裡說，得到待加強的同學就一定很差嗎？這點我堅決否認，因為這次會考完全沒有考基本的題目，那些待加強的同學中，有很多的同學的確不太能回答很難的題目，他們看到一篇很長的文章就會很害怕，也必須花很多時間去讀，回答問題的時候也會因為慌張而答錯。如果我們考他們基本的英文，他們絕對沒有問題的。

遺憾的是，我們國家永遠不肯在各種考試中考最基本的題

目，政府官員永遠說，考試要有鑑別力，但是他們又說，會考的主要目的是要看學生的程度究竟如何。考得如此之難，最後只能說有少部分的同學程度的確是非常之高的，但是絕對無法確定多少同學是連最基本的題目都不會做的，因為各種考試都不考最基本的題目。

不考最基本的題目，其實造成我們國家的一個嚴重問題，很多同學會做難題，反而缺乏基本的能力。以英文為例，我們總應該要求學生會寫基本的句子，可是我們的大學生都會犯很多嚴重的文法錯誤。有一所明星大學的畢業生居然寫出「They is」，考其原因，乃是因為我們國家的考試，恐怕從來沒有考學生be動詞的，以至於很多同學會犯這種可怕的錯誤。

會考以後，很多人要求政府公開組距，也就是說，希望政府公開一些資料，如考到多少分在當地有多少人。如果是聯招，這根本不是問題，可是現在來了一個志願序，如果一個學生填的第一志願沒有考上，就要考慮他的第二志願學校，可是第二志願的分數低了，所以他有可能因此又考不上。家長們認為如果政府公布多一點資訊，他們比較可以填志願。其實事情也不是這麼簡單，我在下面舉一個例子：

有一個學生在中部考區名列410名，臺中一中和臺中女中的全部名額是420名，這一位考生是男生，他仍然搞不清該不該填臺中一中，因為他不知道409名以前的考生中，有多少是

男生，有多少是女生。如果填錯志願，可能全軍覆沒。這位考生是來自鄉下的考生，非常用功，如果是聯招時期或者是學測時期，他就會毫不考慮地將臺中一中填爲第一志願，沒有考上也沒有任何懲罰。現在所謂的免試升學，志願填錯了是會有嚴重後果的。所以，從這個例子我們可以看出這種制度如何地不合理。

很多考區作文的成績是在比序中用到的，比方說，兩個學生每一科的分數都是A++，就要比作文分數。這也引起了很多家長的不滿，因爲畢竟作文的好壞是有主觀判斷問題的，有的文章討某一些人的歡喜，可是也可能被某一些人認爲無聊。但無論如何，我很同情很多明星學校要這樣做，否則他們沒有辦法避免抽籤。用任何一個項目做決定性的比較，都會有人不以爲然的。

附件　英文會考題目

(51-53)

Here is the year's report on the Top Ten Cities of Animal Island by *Best Liviing.Com.*

①**Goosetown**: Climbing up from last year's second place, Goosetown comes in first for its lovely parks, cultural cerners, and comfortable living space.

②**Tigerville**: Losing its top place to Goosetown, Tigerville is still a beautiful city, and as green as ever.

③**Duckland**: The only city staying in our top three for five years, Duckland is now cleaning itself up for next year's Football World Cup.

④**Oxtown**: Not just a famous business city, Oxtown has turned itself into a garden city.

⑤**Lionville**: Famous for its culture and beautiful gardens, Lionville is the first city in the north to enter our top five.

⑥**Sharkville**: With winter sports as good as Oxtown's, this exciting city is our second best pick in the east.

⑦**Foxland**: This city with white beaches could rise higher in the rankings if there were fewer traffic problems.

⑧**Goatville**: Dropping two places, Goatville should now thihk more about parks than shopping centers.

⑨**Turtleland**: New in our top ten, this old fishing town is full of surprises.

⑩**Cowtown**: Dropping from number seven, Cowtown must clean up the air.

culture(-al) 文化（的）	ranking 排名

51. Which is NOT true about the report?

(A) It tells us what some cities are known for.

(B) It tells us what some cities need to deal with.

(C) Green space plays an important part in the report.

(D) It is the second year that *Best Living.Com* did the report.

52. What can we learn about the cities in the report?

(A) One city in this year's top five is in the east.

(B) Few people come to Oxtown to do business.

(C) No city in the north entered this years top ten.

(D) Goosetown is Animal Island's second biggest city.

53. Which is the most likely ranking of LAST year's top ten cities of Animal Island?

likely 可能

(A) ①Tigerville ②Goosetown ③Cowtown ④Oxtown
⑤Duckland ⑥Goatville ⑦Lionville ⑧Sharkville
⑨Foxland ⑩Turtleland

(B) ①Tigerville ②Goosetown ③Duckland ④Beartown
⑤Lionville ⑥Sharkville ⑦ Goatville ⑧ Cowtown
⑨Foxland ⑩Oxtown

(C) ①Goosetown ②Tigerville ③Duckland ④ Foxland
⑤ Beartown ⑥ Goatville ⑦ Cowtown ⑧ Lionville
⑨ Oxtown ⑩Sharkville

(D) ①Tigerville ②Goosetown ③Duckland ④Oxtown
⑤ Beartown ⑥ Goatville ⑦ Cowtown ⑧ Lionville
⑨ Foxland ⑩ Sharkville

教改休兵，不要鬧了！

第十章

特色招生

十二年國教以免試升學為主，免試升學以外，還有特色招生，可是前提是必須先要放棄免試升學所分發的學校才能參加特色招生。全國一共有七個學區有特色招生，分別是臺南區、中投區、桃連區、基北區、彰化區、竹苗區、高雄區，每一個學區都有詳細的招生簡章。

雖然是特色招生，其實是統一考試的，而且只考國英數，只是各學校對於國英數的加權不一致。我曾經看了一下基北區的特色學校，令我幾乎啞然一笑的是，這些學校都是有名的學校，換句話說，他們都是學生們非常想進的學校。我們實在可以說，十二年國教仍然開了一扇後門讓那些明星學校可以自己招收學生。

我們現在看一下臺北市的特色學校，我們可以得到一個結論：所有有名的學校都在內。

臺北市立建國高級中學

臺北市立第一女子高級中學

國立臺灣師範大學附屬高級中學

臺北市立中山女子高級中學

臺北市立成功高級中學

臺北市立景美女子高級中學

國立政治大學附屬高級中學

臺北市立松山高級中學

臺北市立大安高級工業職業學校

臺北市立大同高級中學

臺北市立大直高級中學

臺北市立中正高級中學

臺北市立成淵高級中學

臺北市立明倫高級中學

臺北市立陽明高級中學

臺北市立麗山高級中學

但是，既然名稱不是明星學校招生，而是特色招生，所以每一所學校都寫出他們的特色，我將一些特色寫在下面。

特色招生學校的特色：

・透過科學探究、溝通傳播、服務領導、研究方法四大主軸
・設有國際視野、人文社會、創意科技、創藝樂活四大特色學程
・人文創意學程、科學創意學程、IE領袖學程、資優學程
・招收具英文學習潛能及學習興趣之學生
・培育具備領導視野的世界公民
・開設探索式的特色選修課程
・招收品學兼優及具多元才能之學生
・招收英語聽說讀寫能力佳，有思辨能力及國際觀的學生
・招收具社會關懷胸襟與實踐能力、有領導與溝通能力、能自信表達與有文學素養的學生

- 課程以科學能力結合設計思考為主軸
- 培養人文素養，並具備設計思考、創新統合的能力、科學素養，並能獨立思考，應用科學知識於生活，偏向理性思維的訓練
- 培養對自然科學與生活環境的理解及關懷為主，偏向自然與生活的關懷
- 涵納科學與人文素養，提供卓越學生提前與大學接軌的學習機會
- 招收具語言專長，且願意主動積極學習之學生
- 「全人發展、創新思考、菁英育成、全球視野」為願景，招收具備創思能力、領導才能及學術研究能力之學生
- 課程旨在培養學生「文化探索」、「發現問題」、「解決問題」、「創造與批判思考」、「探索研究」及「團隊合作」的能力。
- 設歐語精進、日文精進、數位創意研究、人文創意與創新
- 國際人才、財經精算、科學探究及社會文化觀察
- 招收對數理有高度興趣、具有基礎研究能力與創造力的學生

　　看了這些特色以後，我真替國家高興，如果能夠進入任何一所學校，未來都非常偉大。舉例來說，有一所高中說他們的學生會有國際視野，另外一所高中更加厲害了，他們的學生會是具備領導視野的公民。這些特色中有幾個詞是一再重複的，我把它寫下來；領導、創意、人文、溝通、關懷、探索，我們可以說這幾個學校知道這幾個名詞很有吸引力，把這些名詞互相混合，就可以很有特色。

其實我們可以這樣講，任何一個學校都可以選其中的任何一個特色做為自己的特色，外人也沒有辦法判定他們的學生真的有這個特色。比方說，很多學校都說自己的學生有人文素養，這個項目無法訂出標準，很難說一個人是很有人文素養或沒有人文素養的。同樣的理由，我們也很難說一個人沒有科學素養。

最奇怪的是，有些學校招收的學生要有思辨能力和國際觀，還有一所學校說他們的學生一定要有社會關懷胸襟和實踐能力，還要有領導和溝通的能力。使我困擾的是，這談何容易，我根本就懷疑他們的老師有沒有這種能力。而且如果已經有這麼偉大的能力，已經在社會上出人頭地了，似乎不是國中生有的能力，我很難想像國中生有領導與溝通的能力。比較誠實的一個特色是說，他要提供卓越學生提前與大學接軌的學習機會，也就是說，這所學校擺明了就是要讓他們的學生能夠毫無困難地進入好的大學，這也是一個有趣的特色。

我很同情這些學校，在過去聯招時期，這些學校從來不知道自己是特色學校，建中的特色就是學生特別好，現在搖身一變，變成特色學校，也只好絞盡腦汁，想出一些花樣來。教育部當然知道這些根本不是特色，但是他們都是名氣很大的學校，就只好睜隻眼、閉隻眼，至少要讓這些學校有一個自己招生的機會。

相當麻煩的一件事是：如果你要參加特色招生，你就一定得放棄原來免試入學所分發的名額。對於很多同學來說，他們恐怕不敢放棄，所以我們可以斷定那些明星學校收進來的學生程度一定會降下，也許這就是十二年國教的目的吧！雖然沒有消滅明星學校，至少稀釋了明星學校。這樣做，對國家好嗎？

說明：

在103年國中會考的免試入學和特色招生爭議後，104年全國只剩下臺南考區會辦理特色招生：臺北市政治大學附屬中學自辦特色招生。

第十一章

結論

走筆至此，我實在感到非常疲倦，也沒有任何好的心情。因為我花了這麼多時間來寫，一點用都沒有的。我曾經在立法院前大聲疾呼，說不能實行十二年國教，立法委員們認為我是個老瘋子，反正沒有群眾基礎，當然可以完全不理。我以為教育乃是國家大事，內閣的部長們應該全體對十二年國教關心。因此我傻呼呼地寫信給行政院每一位部長和政務委員，他們大概也認為我是個老糊塗，所以也沒有任何回應。

雖然如此，我仍然要說話。當年政府推行廣設大學，現在大學生滿街走，很多大學生薪水低得可憐，大家罵現任政府無能，卻忘了當年四一〇教改大遊行的時侯，廣設大學是四大訴求中的第一項。

回想起來，我當年對教改也有點懷疑，但沒有仔細地研究，因此只對某些議題輕微地表示了一些意見。這次，我發現十二年國教實在幾乎是荒腔走板。舉例來說，免試的意義還是要考試，所以我一再寫文章表示反對，但沒有想到的是：一點用都沒有。我只好將我的想法全部寫下來，這一次，我至少說話表示反對了。

有朋友告許我，如果我是一位清大社會系的學生，保證政府和立法委員都會聽我的話，但我必須只有二十二歲。我告訴他，我已七十六歲，他說七十六歲的老頭子發言，不會有人聽的。

我不懂，為什麼老人的話就不值得聽？

但我還是勸政府，不要改革入學制度，好好地改善弱勢學生的程度。

後記

　　這本書快出版的前夕，教育部又為了十二年國教明年該怎麼做，開了會。說實話，我實在搞不清楚到底最後的結論是什麼，反正是相當複雜就是了。為什麼我說我搞不清楚怎麼回事呢？我記得教育部曾經說過，以後一張志願卡可以填兩種志願，當時我就非常好奇，有兩點使我感到困惑：(1)究竟這個志願卡是如何設計的？學生可以將免試的志願和特招的志願混在一起填嗎？如果如此，處理這種志願卡的演算法是什麼樣子的？(2)學生該如何填志願？他該將免試的志願放在前面嗎？舉例來說，他要是想進A學校，他該把A校免試填在前面，還是A校特招填在前面呢？沒有想到的是，教育部最後宣告未來免試會先放榜，特招會後放榜。所以，我一開始的憂慮都沒有了。但是，這種做法會不會引起相當多的空額呢？我都不敢問了。問的話，好像有點表示我的愚笨。

　　我又發現一件事，那就是免試的確是有法律根據的。免試這個名詞出現在「高級中學教育法」裡，但是免試沒有提到會考，會考是根據教育部的另外一個行政命令提出的，而這個行政命令，教育部聲稱是根據「高級中學教育法」而來。使我感到困擾的是，既然「高級中學教育法」中沒有提到會考，會考

如何說是根據此法而來？

　　最值得大家知道的是，成功中學收了一個會考成績零分的學生，這是因爲二免的原因。這一個消息引起了很多大陸網友的注意，也紛紛在問這是怎麼一回事。還好，國際媒體沒有報導此事，成功中學是一所菁英分子才能進去的學校，真沒有想到會發生這種事。十二年國教的目的隱隱約約是要打敗明星學校，看來他們是成功了。

　　更值得注意的是，十二年國教有一免、二免以及三免，三免的結果是，很多學生無校可進，這也是我國歷史上從來沒有發生過的事，現在發生了。

　　我忍不住要告訴大家，一位俄國的數學家Grigory Perelman最近得了數學界最高的榮譽，獎金一百萬美元，但他拒絕領獎，當然也拒絕領獎金。這位老兄可想而知是不會做班長的，也不會做風紀股長，更不會參加任何的社團活動。如果他參加免試升學的考試，在比序上會大幅度的落後。在臺灣的很多地方，他進不了他想進的明星學校，只能進一個普通的學校。可是在俄羅斯，他進的是一個特殊學校。

　　所謂的特殊學校，並不是說他有一個特殊的科目可教，而是他的學生非常特殊，可以唸相當難的學問。這位數學家當年就有一位非常傑出的老師教他，否則他絕對不可能有如此好的學術成就。

我們的教育當局認為特殊學校不能說是學生特殊，我也搞不清楚他們所謂特殊學校的定義為何。以建中而言，建中是一個典型的明星學校，它的確培養了相當多的傑出校友。為什麼它能夠做到這一點，無非是它所收的學生都非常聰明，因此可以學相當艱難的學問。我們國家有一個法，叫做「基本教育法」，法中明文規定，我們的教育必須因材施教。十二年國教提倡的是混材施教，要將程度不怎麼好的學生也送到建中去，將很多可以進建中的學生，因為比序的原因，而進不去建中。這種做法其實並沒有能夠將很多社區高中變好，但是絕對可以將建中的學生程度拉下來。

　　過去教改毀掉了我們良好的專科學校，現在大家又要專心一致地毀掉明星學校。如果我們一定要大家不要有明星學校的迷思，那我們就要等教育部的下一個教改，毀掉明星大學，使得全國大學遍地開花。令人困惑的是，政府一方面要打倒明星高中，另一方面又要使得我們的明星大學能夠進入世界百大之中，這究竟是怎麼一回事？我想沒有人知道，因為我相信政府官員也搞不清楚這是怎麼一回事。

　　我是非常同情教育部的，部長、次長、處長成天在為了十二年國教開會、協調，在各個部會中，教育部應該是最單純的，教育部的任務應該就是將我們全國學生的品質往上提升，不僅聰明的孩子會學得更好，不夠聰明的孩子也應該學得不

錯。可惜教育部在這方面已經完全無力照顧，從早到晚都在研究如何升學，但是又不肯用簡單的方法來解決這個問題，就只好在枝節上東改西改，其結果是造成了零分也可以進明星高中的情況，已經開學了還有學生沒有學校可進。

十二年國教有一個口號，叫做「適性揚才」，但是沒有十二年國教就無法「適性揚才」嗎？許多高工、高商原本就熱門，並不是因為十二年國教才讓國中生多出選擇。在培養餐飲人才的學校裡，很早就有「南高餐北開平」的說法。

辦教育的人最重要的是要將聰明的小孩變得更有學問，要讓弱勢的小孩也有一定的學業程度，不能太差。現在我們的做法是硬要將聰明的小孩拉下來，可是也沒有將弱勢的小孩拉上去。前些日子，有一所偏遠地區的國中，他們的老師發現16位新生中，能夠從二十個英文單字中唸對十個以上的，只有6位，這二十個單字無非就是father、mother、student、teacher、boy、girl等等。在聽寫的時候，會正確地寫出十個單字以上的，只有一位。

我感到非常傷心，因為我們現在的教育當局既沒有將程度好的小孩變得更加好，也沒有使得全國的孩子們都有一定的程度。難道教育當局對我們學生的程度問題沒有興趣，而只對如何升學有濃厚的興趣？

博 雅 文 庫 • 好 書 推 薦

RI06大量閱讀的重要性
李家同著 / 書號RI06/250元

■**2011行政院新聞局第33次中小學生優良課外讀物推介．人文類推介書目**

為什麼要大量閱讀？什麼才是真正的閱讀？大量閱讀可培養哪些能力？要選擇哪些讀物？基礎得靠閱讀來奠定，大量閱讀，是基礎教育的起點。

人類面臨的重大問題
李家同著 / 書號RI11/280元

■**國家文官學院102年度公務人員專書閱讀推廣活動推薦延伸閱讀書目**

作者擔憂當前社會的道德、正義、國際局勢、政治、教育、環境等各項問題，於是提出他的關切與呼籲。作者認為，人類的確面臨了很多嚴重的問題，但是只要去面對，就能找到解決之道。

博雅文庫 *104*

教改休兵，不要鬧了

作　　　者　李家同（92.3）
發　行　人　楊榮川
總　編　輯　王翠華
主　　　輯　陳念祖
責任編輯　李敏華
封面設計　童安安

出　　　版　五南圖書出版股份有限公司
地　　　址　106台北市和平東路二段339號4F
電　　　話　（02）2705-5066
傳　　　真　（02）2709-4875
劃撥帳號　01068953
戶　　　名　五南圖書出版股份有限公司
網　　　址　http://www.wunan.com.tw
電子郵件　wunan@wunan.com.tw
法律顧問　林勝安律師事務所　林勝安律師
出版日期　2014年12月初版一刷
　　　　　2014年12月初版二刷
定　　　價　新台幣320元

國家圖書館出版品預行編目資料

教改休兵, 不要鬧了／李家同著. -- 初版. --
臺北市：五南, 2014.12
　面；公分

ISBN 978-957-11-7872-1 (平裝)

1.教育改革

526.17　　　　　　　　　103020237